FUNDAMENTOS
NAZARENOS

QUEM SOMOS, O QUE CREMOS.

PATROCINADO PELA
JUNTA DE SUPERINTENDENTES GERAIS
IGREJA DO NAZARENO

ISBN 978-1-56344-041-0

REV 150414BR

SUMÁRIO

A IGREJA DE DEUS, EM SUAS FORMAS MAIS ELEVADAS NA TERRA E NO CÉU, POSSUI OS SEUS ENCONTROS, ENSINAMENTOS E ADORAÇÃO EM UNIÃO, PORÉM TUDO É PARA AJUDAR O INDIVÍDUO A ALCANÇAR UMA SEMELHANÇA À IMAGEM DE SEU FILHO.

—PHINEAS F. BRESEE

PRIMEIRO SUPERINTENDENTE GERAL • IGREJA DO NAZARENO

BEM-VINDO AOS FUNDAMENTOS NANAZARENOS

Uma nova geração de líderes espirituais e um corpo crescente de crentes pediram que os fundamentos básicos de ensino, história, teologia, missão, fundos e conexões da igreja fossem colocados em uma pequena publicação de fácil acesso e em linguagem simples.

Os *Fundamentos Nazarenos* explicam porque a Igreja do Nazareno existe como um movimento mundial de Santidade e da Grande Comissão, com tradição Armínio-Wesleyana.

Para ministros e leigos, *Fundamentos Nazarenos* oferece um meio para entender melhor o propósito da igreja na propagação de uma santidade bíblica e sua missão de fazer discípulos à semelhança de Cristo nas nações.

Os *Fundamentos Nazarenos* estão disponíveis na web (www.whdl.org/fundamentos).

Que você possa aprender mais sobre a Igreja do Nazareno e o seu desejo de compartilhar obedientemente as Boas Novas de Jesus Cristo ao ler e estudar os *Fundamentos Nazarenos*.

Nota: Os *Fundamentos Nazarenos* são um suplemento e não um substituto do *Manual da Igreja do Nazareno*. (www.whdl.org/pt-manual)

João Wesley, 1703-1791
Fundador do Metodismo

NOSSA HERANÇA WESLEYANA
DE SANTIDADE

A Igreja do Nazareno tem se confessado um ramo da "una, santa, universal e apostólica" Igreja de Cristo, abraçando, como sua, a história do povo de Deus registrada no Antigo e Novo Testamento e do povo de Deus através dos tempos, em qualquer expressão da Igreja de Cristo que estes possam ser encontrados. Ela aceita os credos ecumênicos dos cinco primeiros séculos cristãos como expressões da sua própria fé.

Ela identifica-se com a igreja histórica na pregação da Palavra, administrando os sacramentos, mantendo um ministério de fé e prática apostólico e incutindo as disciplinas de um viver e serviço semelhantes ao de Cristo. Ela une-se aos santos atendendo ao chamado bíblico para uma vida santa e de dedicação completa a Deus, na qual proclama através da teologia da inteira santificação.

A nossa herança cristã foi facultada através da Reforma Inglesa no século XVI e o Reavivamento Wesleyano no século XVIII. Através da pregação de João e Charles Wesley, pessoas em toda a Inglaterra, Escócia, Irlanda e País de Gales abandonaram o pecado e foram capacitadas para o serviço cristão. Este Reavivamento caracterizou-se pela pregação feita por leigos, testemunho, disciplina e círculos de discípulos dedicados, conhecidos por "sociedades", "classes" e "bandas". Os marcos teológicos do

Reavivamento Wesleyano incluíram: justificação pela graça através da fé; santificação ou perfeição cristã, também pela graça através da fé; e o testemunho do Espírito quanto a certeza da graça.

Entre as contribuições distintas de João Wesley, inclui-se uma ênfase à inteira santificação como a provisão graciosa de Deus para a vida cristã. Sua ênfase foi disseminada em todo o mundo. Na América do Norte, a Igreja Metodista Episcopal foi organizada em 1784 para "reformar o Continente e espalhar a santidade bíblica sobre estas terras".

Uma renovada ênfase à santidade cristã foi desenvolvida em meados do século XIX. Timothy Merritt de Boston, Massachusetts, impulsionou o interesse como editor do Guia da Perfeição Cristã. Phoebe Palmer, da cidade de New York, liderava a Reunião de Terça-Feira para a Promoção da Santidade e tornou-se uma oradora, autora e editora muito procurada. Em 1867, os pregadores metodistas J.A. Wood, John Inskip e outros em Vineland, New Jersey, iniciaram a primeira de uma longa série de campanhas de santidade que renovaram a busca Wesleyana de santidade em todo o mundo.

A santidade cristã foi enfatizada pelos Metodistas Wesleyanos, Metodistas Livres, o Exército da Salvação e certos Menonitas, Irmãos e Quakers. Evangelistas levaram este movimento para a Alemanha, Reino Unido, Escandinávia, Índia e Austrália. Novas igrejas de santidade surgiram, incluindo a Igreja de Deus (Anderson, Indiana). Igrejas de santidade, missões urbanas e associações missionárias cresceram a partir deste empenho. A Igreja do Nazareno nasceu do impulso de unir muitas dessas organizações em uma igreja de santidade.

Unidade em Santidade

Fred Hillery organizou a Igreja Evangélica do Povo (Providence, Rhode Island) em 1887. A Igreja Missão (Lynn, Massachusetts) foi organizada em 1888. Em 1890, estas e outras oito congregações de New England formaram a Associação Central Evangélica de Santidade. Anna S. Hanscome, ordenada em 1892, foi a primeira mulher ordenada na linhagem Nazarena.

Em 1894-95, William Howard Hoople organizou três congregações de santidade no Brooklyn, New York, que formaram a Associação de Igrejas Pentecostais da América. "Pentecostal" era um sinônimo para "santidade" a estes e outros fundadores da Nazareno. Hillery e os grupos de Hoople fundiram-se em 1896, estabelecendo trabalhos na Índia (1899) e Cabo Verde (1901). O executivo de Missões Hiram Reynolds organizou congregações no Canadá (1902). Em 1907 o grupo já alcançava de Nova Scotia até Iowa.

Robert Lee Harris organizou a Igreja de Cristo do Novo Testamento (Milan, Tennessee) em 1894. Mary Lee Cagle, sua viúva, espalhou o trabalho ao oeste do Texas, em 1895. C. B. Jernigan organizou a primeira Igreja Independente de Santidade (Van Alstyne, Texas) em 1901. Essas igrejas uniram-se em Rising Star, Texas (1904), formando a Igreja de Cristo de Santidade. Em 1908, já se estendia da Georgia a New Mexico, ministrando aos marginalizados e necessitados, apoiando órfãos e mães solteiras e conectando-se com trabalhadores na Índia e Japão.

Phineas F. Bresee e Joseph P. Widney, com cerca de outras 100 pessoas, organizaram a Igreja do Nazareno, em Los Angeles, em 1895. Eles defendiam que os cristãos santificados pela fé deviam seguir o exemplo de Cristo e pregar o Evangelho aos menos favorecidos. Eles acreditavam que o seu tempo e dinheiro deviam ser dados a ministérios que refletissem Cristo, para a salvação de almas e socorro aos necessitados. A Igreja do Nazareno expandiu-se principalmente ao longo da costa oeste dos Estados Unidos, com algumas congregações indo mais para o leste, até Illinois. Eles apoiavam uma missão indígena em Calcutá, na Índia.

Em outubro de 1907, a Associação de Igrejas Pentecostais da América e a Igreja do Nazareno reuniram-se em Chicago, Illinois, para moldar um governo de igreja que equilibrava a superintendência com os direitos congregacionais. Competia aos superintendentes nutrir e cuidar de igrejas já organizadas, organizar e incentivar novas igrejas, mas não interferir com as ações independentes de uma igreja totalmente organizada. Delegados da Igreja de Cristo de Santidade participaram. A primeira Assembleia Geral adotou um nome resultante de ambas as organizações: Igreja Pentecostal do Nazareno. Bresee e Reynolds foram eleitos superintendentes gerais.

Em setembro de 1908, a Conferência de Santidade da Igreja Cristã da Pensilvânia, sob a liderança de H. G. Trumbaur, uniu-se aos Nazarenos Pentecostais. No dia 13 de outubro, a segunda Assembleia Geral reuniu-se em Pilot Point, Texas, com o Conselho Geral da Igreja de Cristo de Santidade para unir as duas igrejas.

Liderada por J. O. McClurkan, a Missão Pentecostal foi formada em Nashville, em 1898, unindo pessoas de santidade do Tennessee e estados adjacentes. Eles enviaram pastores e professores a Cuba, Guatemala, México e Índia. Em 1906, George Sharpe foi expulso da Igreja Congregacional de Parkhead, Glasgow, na Escócia, por pregar a doutrina wesleyana da santidade cristã. A Igreja Pentecostal de Parkhead foi formada, outras congregações organizadas e a Igreja Pentecostal da Escócia foi fundada em 1909. A Missão Pentecostal e Igreja Pentecostal da Escócia uniram-se aos Nazarenos Pentecostais em 1915.

A Quinta Assembleia Geral (1919) mudou o nome oficial da denominação para Igreja do Nazareno. A palavra "Pentecostal" já não era um sinônimo da doutrina de santidade como tinha sido no final do século XIX, quando os fundadores inicialmente adotaram este nome para a igreja. A jovem denominação manteve-se fiel à sua missão original de pregar o evangelho da salvação completa.

Assembleia Geral, Pilot Point, Texas, (EUA), 12 de outubro de 1908.

NOSSA IGREJA GLOBAL

O caráter essencial da Igreja do Nazareno foi moldado pelas igrejas-mães que se uniram em 1915. Houve uma dimensão internacional a este caráter. A denominação já apoiava igrejas totalmente organizadas nos Estados Unidos, Índia, Cabo Verde, Cuba, Canadá, México, Guatemala, Japão, Argentina, Reino Unido, Suazilândia, China e Peru. Em 1930, ela também havia alcançado a África do Sul, Síria, Palestina, Moçambique, Barbados e Trinidad. Os líderes nacionais foram essenciais para esse processo, tais como os superintendentes distritais V. G. Santin (México), Hiroshi Kitagawa (Japão) e Samuel Bhujbal (Índia). Este caráter internacional foi reforçado ainda mais por novas adesões.

Em 1922, J. G. Morrison liderou muitos obreiros da Associação de Leigos de Santidade e mais de 1.000 membros nos estados das Dakotas, Minnesota e Montana a unirem-se à igreja. Chung Nam Soo (Robert Chung) liderou uma rede de pastores coreanos e congregações à Igreja do Nazareno em meados de 1930. Igrejas na Austrália, sob a liderança de A. A. E. Berg, uniram-se em 1945. Alfredo del Rosso levou igrejas italianas à denominação em 1948. O trabalho Sul-Africano Associação de Fé Missionária Hephzibah, centralizado em Tabor, Iowa, uniu-se aos Nazarenos por volta de 1950.

A Missão Internacional de Santidade, fundada em Londres por David Thomas, em 1907, desenvolveu um amplo trabalho na parte Sul da África sob a liderança de David Jones. Em 1952, suas igrejas na Inglaterra, lideradas por J. B. Maclagan, e o trabalho na África uniram-se aos nazarenos. Maynard James e Jack Ford formaram a Igreja de Santidade do Calvário na Grã-Bretanha, em 1934, e uniram-se aos nazarenos em 1955. A Igreja de Obreiros do Evangelho, organizada em 1918 por Frank Goff, em Ontário, Canadá, uniu-se à Igreja do Nazareno em 1958. Nigerianos formaram a Igreja do Nazareno indígena na década de 1940 e, de acordo com Jeremiah U. Ekaidem, uniu-se ao corpo internacional em 1988. Estas várias adesões fortaleceram o caráter internacional da Igreja do Nazareno.

À luz desses desenvolvimentos, os nazarenos desenvolveram conscientemente um modelo de igreja que difere da norma Protestante. Em 1976, uma comissão de estudos foi criada para examinar a condição futura da denominação. Reportando em 1980, recomendou-se que a Assembleia Geral deliberadamente adotasse uma política de internacionalização baseada em dois princípios.

Primeiro, reconheceu-se que as igrejas e distritos nazarenos a nível mundial constituem uma "comunidade mundial de crentes na qual existe plena aceitação de seus contextos culturais". Em segundo lugar, identificou-se um compromisso comum com "a distinta missão da Igreja do Nazareno", a saber: "espalhar a santidade bíblica... [como] o elemento chave em um núcleo de elementos não-negociáveis que representam a identidade Nazarena".

A Assembleia Geral de 1980 abraçou uma "uniformidade teológica internacional" em torno dos Artigos de Fé, afirmando a importância da formação teológica para todos os ministros, e pediu o apoio adequado das instituições de ensino teológico em cada área do mundo. Ela convocou os Nazarenos à maturidade como uma comunidade internacional de santidade dentro de um único quadro conectivo em que a mentalidade colonial que avaliou os povos e nações em termos de "fortes e fracos, doadores e receptores" dá lugar a "uma que assume uma forma completamente nova de olhar o mundo: um reconhecimento dos pontos fortes e igualdade de todos os parceiros".[1]

A Igreja do Nazareno tem tido, subsequentemente, um padrão de crescimento único entre os protestantes. Em 1998, metade dos nazarenos já não viviam nos Estados Unidos e Canadá, e 41 por cento dos delegados na Assembleia Geral de 2001 falavam o inglês como segunda língua ou não o falavam. Um africano, Eugénio Duarte, de Cabo Verde, foi eleito um dos superintendentes gerais da igreja em 2009.

Distintivos do Ministério Internacional

Os ministérios Nazarenos estratégicos têm-se centrado historicamente em torno do evangelismo, ministérios sociais e educação. Eles florescem através da cooperação mútua de missionários transculturais e milhares de pastores e obreiros leigos que têm contextualizado os princípios Wesleyanos dentro de suas respectivas culturas.

Hiram F. Reynolds foi estratégico na criação de ministérios Nazarenos transculturais e no desenvolvimento de um conceito denominacional de evangelização mundial. Em um quarto de século como superintendente geral, sua constante militância ajudou a elevar missões a uma prioridade denominacional. Desde 1915, Missões Nazarenas Internacionais (originalmente Sociedade Missionária de Senhoras) tem levantado fundos e promovido educação missionária em congregações ao redor do mundo todo.

Os primeiros Nazarenos eram um povo compassivo e testemunharam a graça de Deus apoiando campanhas contra a fome na Índia; estabelecendo orfanatos; casas de maternidade para meninas e mulheres solteiras; e missões urbanas que ministravam a toxicodependentes e os sem-teto. Na década de 1920, as prioridades do ministério social da igreja mudaram em direção à medicina, com a construção de hospitais na China e Suazilândia, e mais tarde na Índia e Papua Nova Guiné. Profissionais de medicina Nazarenos cuidavam dos doentes, realizavam cirurgias, treinavam enfermeiros e patrocinavam clínicas móveis entre alguns dos povos mais pobres do mundo.

Clínicas especializadas foram criadas, como uma clínica para hanseníase na África. A criação dos Ministérios Nazarenos de Compaixão, na década de 1980, permitiu uma ampla gama de ministérios sociais que perduram até hoje, incluindo o apadrinhamento de crianças, ajuda humanitária, educação acerca da AIDS, apoio a órfãos, projetos de água potável e distribuição de alimentos.

Escolas Dominicais Nazarenas e estudos bíblicos sempre fizeram parte da vida congregacional e desempenham papéis importantes na formação de discípulos à semelhança de Cristo. A igreja tem investido na educação básica e alfabetização desde os primeiros anos da Escola Esperança para Moças em Calcutá, fundada em 1905. Escolas Nazarenas preparam pessoas ao redor do mundo para uma vida mais participativa social, econômica e religiosamente. A maioria das faculdades Nazarenas iniciais nos Estados Unidos possuía escolas anexadas de ensino fundamental e de ensino médio até meados do século XX.

Os fundadores Nazarenos investiram significativamente no ensino superior, acreditando que é essencial para o treinamento de pastores e outros trabalhadores cristãos, e também para moldar os leigos. A Junta Internacional de Educação enumera instituições nazarenas de ensino superior em todo o mundo, incluindo faculdades de artes liberais e universidades na África, Brasil, Canadá, Caribe, Coreia e Estados Unidos, além de escolas bíblicas e institutos, escolas de enfermagem na Índia e Papua Nova Guiné, e as escolas de pós-graduação de teologia na Austrália, Costa Rica, Inglaterra, Filipinas e Estados Unidos.

A Igreja do Nazareno tem se transformado ao longo do tempo de uma igreja com uma presença internacional em direção à uma comunidade global de crentes. Fundamentada na tradição Wesleyana, os Nazarenos entendem ser um povo que é Cristão, de Santidade e Missionário, abraçando a declaração de missão: "Fazer discípulos à semelhança de Cristo nas nações".

[1]Diário da Vigésima Assembleia Geral, Igreja do Nazareno, (1980): 232. Franklin Cook, "The International Dimension" (1984): p. 49.

NAZARENOS ABRAÇANDO A DECLARAÇÃO DE MISSÃO: "FAZER DISCÍPULOS À SEMELHANÇA DE CRISTO NAS NAÇÕES".

NOSSOS VALORES ESSENCIAIS

1. Somos um Povo Cristão

Como membros da Igreja Universal, juntamo-nos a todos os crentes na proclamação do senhorio de Jesus Cristo e na afirmação dos credos trinitários históricos da fé cristã. Damos valor à nossa herança wesleyana de santidade, considerando-a ser um modo de compreender a verdadeira fé, de acordo com as Escrituras, a razão, a tradição e a experiência.

Estamos unidos a todos os cristãos na proclamação do Senhorio de Jesus Cristo. Cremos que, no amor divino, Deus oferece a todos os povos perdão de pecados e relacionamento restaurado. Na reconciliação com Deus, acreditamos que todos nós também devemos nos reconciliar uns com os outros, amando-nos uns aos outros assim como temos sido amados por Deus, perdoando-nos uns aos outros assim como temos sido perdoados por Deus. Cremos que a nossa vida em comunidade exemplifica ao mundo o caráter de Cristo. Consideramos as Escrituras como fonte primária de verdade espiritual confirmada pela razão, tradição e experiência.

Estamos unidos a todos os cristãos na proclamação do Senhorio de Jesus Cristo.

Jesus Cristo é o Senhor da Igreja, a qual, no dizer do Credo Apostólico, é uma, santa, universal e apostólica. Em Jesus Cristo e através do Espírito Santo, Deus o Pai oferece perdão do pecado e reconciliação a todo o mundo. Todos quantos respondem em fé à oferta de Deus, passam a ser povo de Deus. Tendo sido perdoados e reconciliados em Cristo, nós perdoamos e nos reconciliamos uns com os outros. Desta maneira, somos Igreja e Corpo de Cristo e revelamos a unidade desse Corpo. Como único Corpo de Cristo, temos "um Senhor, uma fé, um batismo". Afirmamos a unidade da Igreja de Cristo e nos esforçamos, em todas as coisas, por preserva-la (Efésios 4:5,3).

2. Somos um Povo de Santidade

Deus, que é santo, nos chama a viver uma vida de santidade. Cremos que o Espírito Santo procura fazer em nós uma segunda obra da graça, conhecida por vários termos, incluindo "inteira santificação" e "batismo com o Espírito Santo" – limpando-nos de todo pecado; restaurando em nós a imagem de Deus; dando-nos poder para amar a Deus de todo o coração, alma, mente e força, e ao próximo como a nós mesmos; e produzindo em nós o caráter de Cristo. A santidade na vida dos crentes é mais claramente compreendida como "semelhança a Cristo".

> *É o trabalho do Espírito Santo que nos restaura à imagem de Deus e produz em nós o caráter de Cristo.*

Porque nós somos chamados pelas Escrituras e atraídos pela graça a adorar a Deus e a amá-Lo de todo o coração, alma, mente e força, e ao próximo como a nós mesmos, nos entregamos inteira e completamente a Deus, crendo que podemos ser "inteiramente santificados", como uma segunda experiência marcante. Cremos que o Espírito Santo nos convence, limpa, enche e dá poder, enquanto a graça de Deus nos vai transformando, dia após dia, num povo de amor, de disciplina espiritual, de pureza ética e moral, de compaixão e justiça. É o trabalho do Espírito Santo que nos restaura à imagem de Deus e produz em nós o caráter de Cristo.

Cremos em Deus Pai, o Criador que chamou à existência o que ainda não existia. Outrora não existíamos, porém Deus nos chamou à existência, fez-nos para Ele e nos formou à Sua própria imagem. Fomos comissionados a levar, restaurada em nós, a imagem de Deus: "Pois eu sou o Senhor Deus de vocês; consagrem-se e sejam santos, porque eu sou santo" (Levítico 11:44).

3. Somos um Povo com uma Missão

Somos um "povo enviado", que responde ao chamado de Cristo e capacitado pelo Espírito Santo para ir por todo o mundo, testemunhando o senhorio de Cristo e participando com Deus na edificação da Igreja e extensão do Seu Reino (Mateus 28:19-20; 2 Coríntios 6:1). Nossa missão (a) começa na adoração; (b) ministra ao mundo em evangelismo e compaixão; (c) estimula crentes a prosseguirem para a maturidade cristã através do discipulado; e (d) prepara mulheres e homens para o serviço cristão através da educação cristã de ensino superior.

A. Nossa Missão de Adoração

A missão da igreja no mundo começa com a adoração. E quando nos congregamos diante de Deus em adoração, cantando, ouvindo a leitura pública da Bíblia, dando nossos dízimos e ofertas, orando, ouvindo a pregação da Palavra, batizando e participando da Santa Ceia – então sabemos mais claramente o que significa ser povo de Deus. Nossa crença de que a obra de Deus no mundo é feita primariamente através de congregações que adoram, leva-nos a entender que a nossa missão inclui receber novos membros na comunhão da igreja e organizar novas congregações voltadas ao mesmo propósito.

A adoração é a mais elevada expressão do nosso amor a Deus.

A adoração é a mais elevada expressão do nosso amor a Deus. É adoração centralizada em Deus, honrando Aquele que por Sua graça e misericórdia nos redime. O contexto primário da adoração é a igreja local, onde se reúne o povo de Deus, não em experiência egocêntrica ou para a auto glorificação, mas para uma entrega e oferta de si mesmo. Adoração é a igreja em serviço amoroso e obediente a Deus.

B. Nossa Missão de Compaixão e Evangelismo

Como povo consagrado a Deus, compartilhamos Seu amor pelo perdido e Sua compaixão pelo pobre e quebrantado. O Grande Mandamento (Mateus 22:36-40) e a Grande Comissão (Mateus 28:19-20) nos compelem ao evangelismo mundial, à compaixão e à justiça. Para este fim, nós nos comprometemos a convidar pessoas à fé, a cuidar dos necessitados, nos levantarmos contra a injustiça e a favor do oprimido, a trabalhar para proteger e preservar os recursos da criação de Deus e incluir na nossa comunidade todos os que clamam pelo nome do Senhor.

Através da sua missão no mundo, a Igreja demonstra o amor de Deus. A história da Bíblia é a história de Deus reconciliando Consigo mesmo o mundo, essencialmente através de Jesus Cristo (2 Coríntios 5:16-21). A Igreja é enviada ao mundo para participar com Deus neste ministério de amor e reconciliação através de evangelismo, compaixão e justiça.

C. Nossa Missão de Discipulado

Nós nos comprometemos a ser discípulos de Jesus e convidar outras pessoas para se tornarem Seus discípulos. Com isto em mente, nós nos comprometemos a prover meios (Escola Dominical, Estudos Bíblicos, pequenos grupos de responsabilidade mútua, etc.) através dos quais os crentes são estimulados a crescer na sua compreensão da fé cristã e no seu relacionamento uns com os outros e com Deus. Cremos que o discipulado inclui submetermo-nos à obediência a Deus e às disciplinas da fé. Cremos que devemos ajudar uns aos outros a viver uma vida santa através de apoio mútuo, comunhão cristã e responsabilidade mútua em amor. Wesley disse: "Deus nos deu uns aos outros para fortalecermos as nossas mãos mutuamente".

> *O discipulado cristão é um estilo de vida. É o processo de aprender como Deus deseja que vivamos neste mundo.*

O discipulado cristão é um estilo de vida. É o processo de aprender como Deus deseja que vivamos neste mundo. À medida que aprendemos a viver em obediência à Palavra de Deus, em submissão às disciplinas da fé e em responsabilidade recíproca, começamos a compreender a verdadeira alegria da vida disciplinada e do significado cristão de liberdade. O discipulado não é mero esforço humano, submissão a regras e regulamentos. É o meio através do qual o Espírito Santo gradualmente nos leva à maturidade em Cristo. É através do discipulado que nos tornamos pessoas de caráter cristão. O objetivo final do discipulado é ser transformado à imagem de Cristo (2 Coríntios 3:18).

D. Nossa Missão de Educação Cristã Superior

Nós nos comprometemos à educação cristã, pela qual homens e mulheres são equipados para uma vida de serviço cristão. Nos nossos Seminários, Escolas Bíblicas, Faculdades e Universidades, nós nos comprometemos a cultivar o conhecimento, o desenvolvimento do caráter cristão e a equipar os nossos líderes a cumprirem o chamado de Deus ao serviço na igreja e no mundo.

A educação cristã superior ocupa um lugar central na missão da Igreja do Nazareno. Nos primeiros anos da Igreja do Nazareno foram organizadas instituições cristãs de ensino superior, com o propósito de preparar homens e mulheres de Deus, para liderança e serviço cristão no avanço global do reavivamento Wesleyano de santidade. O nosso compromisso contínuo para com a educação cristã superior, através dos anos, tem produzido uma rede mundial de Seminários, Escolas Bíblicas, Faculdades e Universidades.

COMO MEMBROS DA IGREJA UNIVERSAL, JUNTAMO-NOS A TODOS OS CRENTES NA PROCLAMAÇÃO DO SENHORIO DE JESUS CRISTO

NOSSA MISSÃO

A missão da Igreja do Nazareno é fazer discípulos à semelhança de Cristo nas nações.

Somos uma igreja da Grande Comissão (Mateus 28:19-20). Como uma comunidade global de fé, somos comissionados a levar as Boas Novas de vida em Jesus Cristo às pessoas em toda parte e espalhar a mensagem de santidade bíblica (vida à imagem de Cristo) pelo mundo.

A Igreja do Nazareno une indivíduos que fizeram de Jesus Cristo o Senhor de suas vidas, que compartilham da comunhão cristã e procuram fortalecer-se mutuamente no desenvolvimento da fé através da adoração, pregação, formação e serviço aos outros.

Nós nos esforçamos para expressar a compaixão de Jesus Cristo a todas as pessoas, juntamente com o nosso compromisso pessoal a uma vida à semelhança de Cristo.

Embora o motivo principal da igreja seja glorificar a Deus, também somos chamados a participar ativamente na Sua missão – reconciliando consigo mesmo o mundo.

A declaração de missão contém fundamentos históricos da nossa missão: evangelismo, santificação, discipulado e compaixão. A essência da santidade é a semelhança com Cristo.

Os Nazarenos estão tornando-se um povo enviado – às casas, locais de trabalho, comunidades e povoados, bem como a outras cidades e países. Missionários são agora enviados de todas as regiões do mundo.

Deus continua chamando pessoas comuns para fazer coisas extraordinárias, possibilitadas pela pessoa do Espírito Santo.

NOSSAS CARACTERÍSTICAS NAZARENAS

Na Assembleia Geral de 2013, a Junta de Superintendentes Gerais apresentou sete características da Igreja do Nazareno:

1. Adoração Significativa
2. Coerência Teológica
3. Evangelismo Apaixonado
4. Discipulado Intencional
5. Desenvolvimento da Igreja
6. Liderança Transformadora
7. Compaixão com Propósito

Embora essas descrições não tomam o lugar da nossa missão de "fazer discípulos à semelhança de Cristo nas nações", ou os valores essenciais de nossa igreja – "cristã, de santidade e missionária" – elas descrevem o que acreditamos deva caracterizar cada Igreja do Nazareno, e a maior parte delas devem ser refletidas por nazarenos em todo o mundo. Instamos os líderes da igreja a enfatizá-las, e a todos os nazarenos a encarnar essas características à medida que avançamos. Exploremos um modo como, ao longo do tempo, elas podem tornar-se realidade para a igreja global.

1. Adoração Significativa

Um Chamado à Adoração
Venham! Cantemos ao Senhor com alegria! Aclamemos a Rocha da nossa salvação.
Vamos à presença dele com ações de graças; vamos aclamá-lo com cânticos de louvor.
Pois o Senhor é o grande Deus, o grande Rei acima de todos os deuses.
Nas suas mãos estão as profundezas da terra, os cumes dos montes lhe pertencem.
Dele também é o mar, pois ele o fez; as suas mãos formaram a terra seca.
Venham! Adoremos prostrados e ajoelhemos diante do Senhor, o nosso Criador; pois ele é o nosso Deus, e nós somos o povo do seu pastoreio, o rebanho que ele conduz.
—Salmos 95:1-7a

Podemos dizer com confiança que adorar a Deus é reconhecê-Lo como a Rocha da nossa salvação, o grande Deus, o grande Rei acima de todos os deuses, o criador de todas as coisas e o Pastor que cuida de Seu povo.

A. Os discípulos de Jesus viveram na Sua presença e ministraram aos outros como resultado desse relacionamento.

- Jesus enviou Seus discípulos ao mundo para ministrar (Mateus 10).
- Mais tarde, Ele disse-lhes que precisavam ser cheios do Espírito Santo. Eles esperaram na sala superior e o Espírito Santo veio, assim como Jesus havia prometido (Atos 2).
- Assim que os discípulos começaram seu ministério ao mundo, tornaram-se embaixadores de Deus.
- Eles levaram a mensagem de reconciliação, juntamente com a missão de reconciliação (2 Coríntios 5:11-21).
- Paulo disse bem: "Portanto, somos embaixadores de Cristo, como se Deus estivesse fazendo o seu apelo por nosso intermédio. Por amor a Cristo lhes suplicamos: Reconciliem-se com Deus. Deus tornou pecado por nós aquele que não tinha pecado, para que nele nos tornássemos justiça de Deus". (2 Coríntios 5:20-21).

B. Jesus desafiou Seus seguidores com a Grande Comissão.

- "Portanto, vão e façam discípulos de todas as nações, batizando-os em nome do Pai e do Filho e do Espírito Santo, ensinando-os a obedecer a tudo o que eu lhes ordenei. E eu estarei sempre com vocês, até o fim dos tempos" (Mateus 28:19-20).
- A igreja primitiva realmente começou a cumprir esta comissão no mundo depois de um encontro de adoração significativa em Antioquia (Atos 13:1-4).

A igreja primitiva realmente começou a cumprir esta comissão no mundo depois de um encontro de adoração significativa em Antioquia (Atos 13:1-4).

C. Adoração significativa ocorre à medida que praticamos as disciplinas do Espírito, como o jejum e a oração.

- O Espírito Santo, então, os enviou para ganhar outros à fé.
- Isso aconteceu no contexto da adoração.
- A adoração nos inspira e libera o poder de Deus em nossas vidas.
- A adoração reorienta nossas vidas à de Cristo. É uma disciplina espiritual imperativa para todos os crentes, usada por Deus para nos moldar à imagem santa de Jesus.
- Temos de tornar consistente em nossas vidas tanto a prática de adoração pessoal como a adoração corporativa.

D. Adoração significativa permite que o tempo nos cultos corporativos a Deus aconteça entre nós a Seu próprio modo.

- A igreja primitiva não conduziu os seus negócios por meio de comitês ou seminários.
- Ao invés disso, eles se reuniam com frequência para cultos comunitários, permitindo que Deus trabalhasse livremente entre eles.
- Devemos estar solícitos a parar nossas agendas e dispor de tempo para que Deus complete Sua agenda entre nós.

E. A Adoração significativa dá lugar para Deus mover-se livremente à medida que esperamos por Ele com expectativa.

- Devemos dispor de tempo para que Deus se revele e convença, mova, toque, salve e santifique as pessoas do Seu modo e no Seu tempo.
- Devemos ir a todas as reuniões de adoração com uma expectativa ansiosa de que nos encontraremos com Deus nessa reunião e Ele se moverá entre nós.
- Devemos esperar que Deus se mova de maneira óbvia, fazendo o que só Deus pode fazer, quando nos reunimos semanalmente para adoração. Nunca devemos estar satisfeitos com uma rotina normal de um encontro habitual.

F. Os filhos de Deus devem reunir-se semanalmente para que possam ser fortemente cativados pelo Espírito de Deus.

- Nada pode substituir o espírito humano sendo energizado pelo Espírito Divino de Deus.
- Isso acontece melhor em períodos de adoração corporativa significativa.

2. Coerência Teológica

A. Nossa voz Nazarena deve ser ouvida na ampla igreja cristã.

- Fala de quem somos teologicamente.

- Isto é o que afirmamos, o que nos motiva a ação e como vivemos nossas crenças na vida diária.

B. Nossas fontes de coerência teológica:

- As Escrituras: Nós acreditamos que as Santas Escrituras são fundamentais e vitais na formação de nossa identidade em Cristo.
- Tradição Cristã: Nós celebramos os ensinamentos ortodoxos de 2.000 anos de história através de várias tradições cristãs.
- Razão: Nós acreditamos que o Espírito de Deus trabalha através de nosso intelecto e nos dá discernimento.
- Experiência Pessoal: Nós acreditamos que Deus trabalha em e através das vidas de pessoas que seguem a Cristo.

C. As crenças que nos dão coerência teológica:

- Somos Cristãos.
    - ◊ Afirmamos a nossa crença no Deus Trino: Pai, Filho e Espírito Santo.
    - ◊ Afirmamos nossa fé em Jesus Cristo como Filho de Deus.
    - ◊ Afirmamos ser Cristo a segunda pessoa da Trindade.
    - ◊ Nos firmamos nos credos ortodoxos e tradições da igreja Cristã.
- Somos Protestantes.
    - ◊ Acreditamos na justificação pela graça mediante a fé somente, para a salvação.
    - ◊ Damos um alto valor à autoridade das Escrituras.
    - ◊ Acreditamos no sacerdócio de todos os crentes.
    - ◊ Afirmamos ser o sermão uma característica central na experiência de adoração e colocamos o púlpito no centro da plataforma da igreja.
    - ◊ Acreditamos que os dons do Espírito são distribuídos entre todos os crentes no corpo de Cristo.
- Somos Evangélicos.
    - ◊ Cremos na possibilidade e necessidade de um relacionamento pessoal com Jesus Cristo através do perdão dos pecados e transformação do nosso caráter à semelhança de Cristo.
    - ◊ Acreditamos no testemunho de nossa fé através da mudança de estilos de vida.

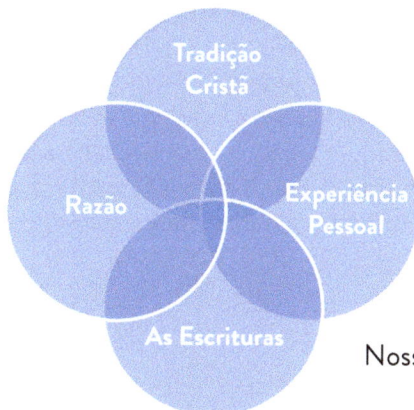

Nossas fontes de coerência teológica

- Somos Wesleyanos.
  ◊ Acreditamos que a natureza essencial de Deus – em torno da qual toda teologia constrói – é "Deus é amor" (1 João 4:8).
  ◊ Acreditamos que o ser humano exerce o livre arbítrio a fim de ter um relacionamento significativo com Deus.
  ◊ Acreditamos que Deus exerce graça e misericórdia para com a humanidade.
  ◊ Acreditamos que a graça preveniente de Deus vai adiante de uma pessoa, guarda essa pessoa de aprofundar-se no pecado e o(a) atrai de volta a Deus.
  ◊ Acreditamos que a busca, redenção, salvação, santificação e a graça suficiente de Deus trabalham com uma pessoa para torna-lo(la) filho(a) de Deus e concede contínua vitória na caminhada cristã.
  ◊ Acreditamos no otimismo da graça para destruir o poder do pecado na vida de uma pessoa e transformar o indivíduo de um pecador a um filho de Deus, que voluntariamente obedece ao Senhor com um coração de amor.
  ◊ Santidade e santificação são possibilidades reais nesta vida.
- Acreditamos no testemunho do Espírito.
  ◊ Acreditamos na convicção do Espírito que permite que um indivíduo saiba que os seus pecados são perdoados por Deus e dá uma conscientização contínua de que o sangue de Jesus Cristo continua a cobrir os pecados do passado, dando vitória diária.
  ◊ Acreditamos na orientação do Espírito que permite que um indivíduo seja guiado por Deus para as decisões diárias da vida. O Espírito de Deus pode guiar seus filhos com instruções e confirmações que proporcionam um senso de direção para a jornada da vida.
D. Acreditamos que há quatro aspectos essenciais de uma vida santa:
- Semelhança com Cristo – Sermos transformados diariamente à imagem de Jesus através da obra do Espírito Santo, enquanto nos disponibilizamos para a obra de Deus em nós. "Se por estarmos em Cristo, nós temos alguma motivação, alguma exortação de amor, alguma comunhão no Espírito, alguma profunda afeição e compaixão, completem a minha alegria, tendo o mesmo modo de pensar, o mesmo amor, um só espírito e uma só atitude" (Filipenses 2:1-2).
- Estilo de Vida – ser separado para fins sagrados, para fazer a obra de Deus em nosso mundo. "Não rogo que os tires do mundo, mas que os protejas do Maligno. Eles não são do mundo, como eu também não sou. Santifica-os na verdade; a tua palavra é a verdade" (João 17:15-17).
- Tentação e o Poder da Escolha – ter a capacidade de não se entregar a vícios ou sugestões da carne ou do maligno, mas o poder de Deus para viver uma vida santa. "Oro também para que os olhos do coração de vocês sejam iluminados, a fim de que vocês conheçam a esperança para a qual ele os chamou, as riquezas da gloriosa herança dele nos santos e a incomparável grandeza do seu poder para conosco, os que cremos, conforme a atuação da sua poderosa força. Esse poder ele exerceu em Cristo, ressuscitando-o dos mortos e fazendo-o assentar-se à sua direita, nas regiões celestiais" (Efésios 1:18-20).
- Fruto do Espírito - o perfeito amor de Deus que se manifesta em amor, alegria, paz, paciência, amabilidade, bondade, fidelidade, mansidão e domínio próprio. "No amor não há medo; pelo

contrário o perfeito amor expulsa o medo, porque o medo supõe castigo. Aquele que tem medo não está aperfeiçoado no amor" (1 João 4:18).

E. Acreditamos na *via media* – o meio-termo. Tentamos evitar os extremos de ambos os lados em muitas questões. Nós nos concentramos menos nas particularidades dos extremos e mais no equilíbrio intermediário, sempre que possível.

3. Evangelismo Apaixonado

Um Evangelismo apaixonado é a nossa resposta ao amor e a graça de Jesus pela humanidade. A Igreja do Nazareno começou com evangelismo apaixonado. Isto continua a ser o coração de quem somos. Em seu apelo à evangelização, Phineas Bresee, o primeiro superintendente geral da Igreja do Nazareno, disse: "Somos devedores de cada homem; devedores em dar-lhe o Evangelho na mesma medida em que temos recebido". Nós nos concentramos em ajudar as pessoas a descobrirem uma fé salvadora e pessoal em Jesus Cristo.

A. Evangelismo apaixonado foi modelado por Jesus:
*   "Ao ver as multidões, teve compaixão delas, porque estavam aflitas e desamparadas, como ovelhas sem pastor. Então disse aos seus discípulos: A seara é grande, mas os trabalhadores são poucos. Peçam, pois, ao Senhor da seara que envie trabalhadores para a sua seara" (Mateus 9:36-38).
*   Jesus disse: "Vocês não dizem: 'Daqui a quatro meses haverá a colheita'? Eu lhes digo: Abram os olhos e vejam os campos! Eles estão maduros para a colheita" (João 4:35).

B. Evangelismo apaixonado foi ordenado por Jesus:
*   "E disse-lhes: 'Vão pelo mundo todo e preguem o evangelho a todas as pessoas" (Marcos 16:15).
*   E lhes disse: "Está escrito que o Cristo haveria de sofrer e ressuscitar dos mortos no terceiro dia, e que em seu nome seria pregado o arrependimento para perdão de pecados a todas as nações, começando por Jerusalém" (Lucas 24:46-47).

C. Evangelismo apaixonado foi lançado por Jesus:
*   "E este evangelho do Reino será pregado em todo o mundo como testemunho a todas as nações, e então virá o fim" (Mateus 24:14).
*   "O ladrão vem apenas para furtar, matar e destruir; eu vim para que tenham vida, e a tenham plenamente" (João 10:10).

D. Evangelismo apaixonado é capacitado pelo Espírito Santo:
*   Ele nos capacita individualmente e coletivamente para viver e testemunhar a santidade.
*   "Mas receberão poder quando o Espírito Santo descer sobre vocês, e serão minhas testemunhas em Jerusalém, em toda a Judeia e Samaria, e até os confins da terra" (Atos 1:8).

E. Evangelismo apaixonado é produzido pelo Espírito Santo:
*   Sua vida em nós é evidente e produtiva.
*   "Mas o fruto do Espírito é amor, alegria, paz, paciência, amabilidade, bondade, fidelidade, mansidão e domínio próprio. Contra essas coisas não há lei. Os que pertencem a Cristo Jesus crucificaram a carne, com as suas paixões e os seus desejos. Se vivemos pelo Espírito, andemos também pelo Espírito" (Gálatas 5:22-25).

F. Evangelismo apaixonado traz nova vida e nova energia aos indivíduos e à igreja.

- "Portanto, se alguém está em Cristo, é nova criação. As coisas antigas já passaram; eis que surgiram coisas novas!" (2 Coríntios 5:17)
- "E o Senhor lhes acrescentava todos os dias os que iam sendo salvos" (Atos 2:47b).

G. Evangelismo apaixonado é uma expressão de nossa obediência a Jesus:

- Uma das mais incontestáveis evidências do poder transformador do evangelho é a vida de Paulo.
- Em um de seus testemunhos o apóstolo disse: "Sou devedor tanto a gregos como a bárbaros, tanto a sábios como a ignorantes. Por isso estou disposto a pregar o evangelho... Não me envergonho do evangelho, porque é o poder de Deus para a salvação de todo aquele que crê: primeiro do judeu, depois do grego" (Romanos 1:14-16).

H. Paixão por Cristo é o nosso ponto de entrada à Grande Comissão (Mateus 28: 19-20) – seguindo então a nossa formação e capacitação:

- Em consequência, todos devem conhecer a Jesus Cristo.
- Em congruência, todos, mesmo os menos dotados de técnicas ou métodos, devem responder com paixão e compartilhar a Cristo resolutamente.

I. Evangelismo apaixonado nos convida a confiar no poder da Palavra de Deus, compelindo-nos a compartilhar as boas novas da salvação com outros:

- Estudamos a Bíblia com fé; então compartilhamos com outros o que diz a Palavra de Deus.
- O poder da mensagem do Evangelho fala aos corações de homens e mulheres, meninos e meninas que necessitam de um relacionamento restaurado com Deus.
- Jesus fornece o nosso exemplo: "Pois o Filho do homem veio buscar e salvar o que estava perdido" (Lucas 19:10). "Certo dia, quando Jesus estava ensinando o povo no templo e pregando as boas novas" (Lucas 20:1a).

J. Evangelismo apaixonado nos impulsiona a conhecer a Cristo mais completamente:

- Transmite quem somos, nosso estilo de vida. Nossa paixão pela vida não é maior do que a nossa paixão por evangelismo. Ao escolhermos este viver, escolhemos evangelizar.
- Comprova o que sabemos. Como o cego que foi curado por Jesus testemunhou simplesmente: "Uma coisa sei: eu era cego e agora vejo!" (João 9:25).
- Testa o quão grato devemos ser por este privilégio. "Vocês receberam de graça; deem também de graça" (Mateus 10:8b).

K. Evangelismo apaixonado nos motiva a discipular:

- Ao longo da jornada da vida procuramos influenciar as pessoas que conhecemos e não conhecemos, enquanto compartilhamos a nossa caminhada de fé.
- Todo discípulo de Cristo deve ser apaixonado o suficiente, acerca de seu relacionamento com Deus, a ponto de o fato de compartilhar o seu testemunho pessoal torne-se natural nas conversas com os outros.

L. Evangelismo apaixonado inspira a nossa criatividade:

- Ferramentas – Alguns exemplos incluem: Filme JESUS, Evangebola (bola evangelística), Evangecubo (cubo evangelístico).

- Métodos – Muitos métodos, uma mensagem.
- Estratégias – Evangelismo em massa, evangelismo pessoal e em relacionamentos, pequenos grupos, evangelismo urbano e muitos mais.

Somos devedores de cada homem; devedores em dar-lhe o Evangelho na mesma medida em que temos recebido

4. Discipulado Intencional

A. Jesus chamou a igreja para fazer discípulos intencionalmente.
- "Portanto, vão e façam discípulos de todas as nações, batizando-os em nome do Pai e do Filho e do Espírito Santo, ensinando-os a obedecer a tudo o que eu lhes ordenei. E eu estarei sempre com vocês, até o fim dos tempos" (Mateus 28:19-20).
- A igreja tem um método intencional para fazer discípulos à semelhança de Cristo.
- Discípulos à semelhança de Cristo são pessoas que vivem em Cristo, crescem na semelhança de Cristo e fazem o que Ele fez. Eles negam a si mesmos, amam e obedecem a Deus com todo seu coração, alma, mente e força (Marcos 12:30, João 15, Lucas 9).
- Discipulado relacional intencional é ajudar as pessoas a desenvolverem relacionamentos obedientes e íntimos com Jesus. Nesses relacionamentos, o Espírito de Cristo lhes transforma o caráter à semelhança de Cristo – mudando os valores dos novos crentes aos valores do reino, e envolvendo-os na Sua missão de investir em outras pessoas em suas casas, igrejas e mundo.

B. Começamos levando indivíduos a um relacionamento pessoal com Jesus Cristo.
- A jornada de fé começa com a confissão dos pecados e o recebimento do perdão pela graça, mediante a fé em Jesus Cristo.
- Estas novas criaturas em Cristo são regeneradas e adotadas na família de Deus.
- A regeneração produz corações e estilos de vida modificados e o testemunho da graça de Deus aos conhecidos.
- Nutrimos imediatamente esses novos crentes na comunidade de fé, ensinando-os desde o início que foram salvos não apenas para si, mas para as pessoas que eles influenciarão e levarão a Cristo. Eles se tornarão discipuladores que irão discipular outros que também se tornarão discipuladores.
- O discipulado envolve ajudar outra pessoa a seguir Jesus mais de perto.

Nutrimos imediatamente esses novos crentes na comunidade de fé, ensinando-os desde o início que foram salvos não apenas para si, mas para as pessoas que eles influenciarão e levarão a Cristo. Eles se tornarão discipuladores que irão discipular outros que também se tornarão discipuladores.

C. Desenvolvemos intencionalmente discípulos à semelhança de Cristo através de um forte ministério de púlpito.

- Nossos pastores pregam sermões instrucionais sobre como crescer em nossa fé em Cristo.
- Nossos pastores pregam sermões biblicamente baseados e nutrem seu povo rumo a um crescimento e uma fome ainda mais profunda pela Bíblia.
- Nossos pastores permitem que a Palavra de Deus se torne a base de todos os esforços ao discipulado.
- Nossos pastores ensinam seu povo como estudar a Bíblia e pensar acerca do significado da Palavra, bem como a forma de aplicá-la em suas vidas.
- Nossos pastores esforçam-se para fornecer uma alimentação bíblica equilibrada nas pregações ao longo do ano.
- Nossos pastores confiam no Espírito Santo de Deus para avivar tudo o que fazem, resultando em um modo equilibrado de formar discípulos à semelhança de Cristo.
- Jesus pregou às multidões e cuidadosamente ensinou seus discípulos em um grupo pequeno.
- Jesus não pregou sem usar parábolas (histórias) para ajudar as pessoas a aprenderem (Marcos 4:34).

D. Promovemos classes de Escola Dominical que nutrem e desenvolvem discípulos à semelhança de Cristo.

- Nossos professores de Escola Dominical ensinam lições que são destinadas a formar discípulos à semelhança de Cristo, tanto na exposição quanto na aplicação das Escrituras para a vida.
- Nossos professores de Escola Dominical têm um interesse pessoal em novos crentes que vai além da sala de aula, respondendo as suas perguntas acerca da fé cristã e incentivando-os a crescer na graça de Deus.
- Nosso sistema de instrução na Escola Dominical oferece programação desde o berço até os idosos, proporcionando o escopo e a sequência de material que estuda a Bíblia inteira de uma maneira organizada. "Instrua a criança segundo os objetivos que você tem para ela, e mesmo com o passar dos anos não se desviará deles" (Provérbios 22:6).

E. Desenvolvemos estudos bíblicos com grupos pequenos que incentivam a responsabilidade mútua.

- Estudos bíblicos com grupos pequenos proporcionam tanto responsabilidades pessoais como em grupo para os novos crentes e àqueles mais maduros na fé.
- Em grupos pequenos são desenvolvidos relacionamentos saudáveis que vão além de reuniões regulares, trazendo uma conexão de amizade como um modo de vida.
- Estes grupos de estudo oferecem uma mistura de estudo bíblico e interação social que é essencial para o crescimento na graça.
- Pequenos grupos de discipulado evoluem para sistemas de apoio de vidas em comum, indo além das reuniões no domingo.

F. Encorajamos o crescimento espiritual dos discípulos à semelhança de Cristo através de uma programação bem planejada para a igreja.

- Programas de gincanas bíblicas.
- Ministérios infantis de Caravanas.

- Escolas Bíblicas de Férias.
- Programas evangelísticos de Natal e Páscoa.
- Esforços dos ministérios de compaixão.
- Ministério de discipulado.
- Ministérios para homens, mulheres, idosos, solteiros e pessoas com necessidades especiais; equipes esportivas; e uma variedade de outros grupos de afinidade que são incentivados a ajudar as pessoas a fazer a conexão com Cristo e Sua igreja.

G. Exortamos os crentes a usar todos os meios disponíveis para crescer e desenvolver sua fé pessoal.

- Ler a Bíblia com a ajuda de estudos; ouvir a Bíblia em arquivos de áudio.
- Orar diariamente.
- Ouvir música cristã.
- Ler literaturas cristãs.
- Encontrar um parceiro(a) comprometido(a) a orar todos os dias para que você alcance a semelhante de Cristo.
- Encontrar um(a) parceiro(a) comprometido(a) que lhe tenha tanto amor ao ponto de fazer-lhe perguntas difíceis.
- Desenvolver a disciplina de proclamar regularmente aos outros o que Deus tem feito em sua vida.

H. Encorajamos os crentes a aprenderem a buscar diariamente a presença de Deus.

- A melhor maneira de descrevermos a vida cristã seria um relacionamento pessoal íntimo com o nosso Senhor e Salvador, Jesus Cristo.
- Discípulos intencionais têm um melhor crescimento à semelhança de Cristo quando eles gastam tempo com Ele.
- Assim, ouvimos diariamente a voz de Cristo; alimentamo-nos diariamente com Sua Palavra; e desfrutamos diariamente de Sua presença.
- Discípulos à semelhança de Cristo intencionalmente O buscam e prontamente O compartilham com aqueles cujas vidas lhes tocam.

A oração, a Palavra de Deus e a ajuda intencional de uns para com os outros, para que sejam mais parecidos com Jesus, caracterizam um discipulado dinâmico na igreja.

I. Encorajamos discípulos a intencionalmente fazer discípulos.

- O Senhor nos comissionou e nos autorizou a fazer discípulos (Mateus 28: 19-20).
- Em espírito de oração convidamos um cristão maduro a intencionalmente nos discipular ou mentorear.
- Em espírito de oração, convidamos um pequeno grupo de crentes para tornarem-se parte do nosso grupo de discipulado.
- Investimos nossas vidas nestes discípulos enquanto juntos buscamos o Senhor.

- Métodos de ensino centrados nas histórias bíblicas em pequenos grupos fornecem uma base bíblica sólida para permitir que os discípulos aprendam a Bíblia e passem a sua mensagem em seus círculos de influência.
- A oração, a Palavra de Deus e a ajuda intencional de uns para com os outros, para que sejam mais parecidos com Jesus, caracterizam um discipulado dinâmico na igreja.

5. Desenvolvimento da Igreja

A. A Igreja Cristã começou com Jesus Cristo, que iniciou a primeira comunidade de fé.
- A comunidade de fé se reunia regularmente para adorar a Deus.
- Em seguida, ela começou a crescer e multiplicar-se com o surgimento de novas igrejas através da primeira viagem missionária de Paulo e Barnabé (Atos 13-14).

B. Paulo iniciou uma segunda viagem missionária com planos de implantar igrejas, mas o Espírito Santo o levou em uma direção diferente (Atos 16).
- Devemos permanecer sempre abertos à nova visão de Deus para a Sua obra e sermos guiados pelo Seu Espírito Santo.
- Paulo teve uma visão. Ela não veio de outras pessoas ou uma pesquisa na comunidade. Ela veio do coração de Deus. Assim, nossa visão para implantar novas igrejas também deve vir do coração de Deus.
- Paulo teve uma visão de um homem. Não era uma visão de um modelo, uma estratégia, um slogan, um fluxograma ou um programa. A visão de Paulo estava centrada na humanidade perdida. Nossa visão para implantar novas igrejas deve permanecer claramente centrada em pessoas perdidas que precisam de um relacionamento com Jesus Cristo.
- Paulo teve uma visão de uma pessoa da Macedônia. Esta era uma pessoa de um determinado local, cultura, língua e história. Deus também nos dará uma visão de um grupo de pessoas ou comunidade em particular. Precisamos descobrir e obedecer a visão de Deus para nós.
- Paulo teve uma visão de uma pessoa da Macedônia que estava de pé. Essa pessoa não era inferior a Paulo. Olhamos um ao outro, olho no olho. Essa pessoa a quem iremos proclamar o evangelho é digna de nosso respeito.
- Paulo teve uma visão de uma pessoa da Macedônia que estava de pé e clamava: "Passe à Macedônia e ajude-nos". Esta é a visão que nos move. Temos de ir às nossas cidades, vizinhanças, clã, tribo e família. Temos de levar Cristo ao nosso mundo.

> Temos de ir às nossas cidades, vizinhanças, clã, tribo e família. Temos de levar Cristo ao nosso mundo.

C. A visão de Deus envolvia uma liderança divina contínua, enquanto Ele revelava a Paulo Seu plano para o desenvolvimento da igreja.
- O homem da Macedônia acabou por ser uma mulher. Lídia de Filipos tornou-se a pessoa mais receptiva a esta oportunidade ministerial.

- Paulo encontrou seus ouvintes mais receptivos em um grupo de mulheres que estavam orando na beira de um rio.
- Ao invés de usar uma sinagoga judaica como no início das igrejas anteriores, Paulo começou este trabalho em uma casa.
- Lídia, uma vendedora de tecidos caros de púrpura, conduziu esta igreja caseira.
- As estratégias para o desenvolvimento de igrejas podem não envolver padrões previamente comprovados.

D. A implantação de igrejas exige grande sacrifício.

- Os esforços ministeriais de Paulo e Silas os levaram à prisão. Eles fizeram este sacrifício pessoal de boa vontade. Eles cantaram canções de louvor a Deus enquanto sofriam em Seu nome (Atos 16:25).
- Hoje, líderes religiosos e seguidores de Jesus pagam o mesmo preço por iniciarem igrejas. Isto exige muitas horas de oração, lágrimas, trabalho duro, esforço, dinheiro e, às vezes, derramamento de sangue para se iniciar novas igrejas.
- Apesar das dificuldades pessoais de Paulo e Silas, uma nova igreja caseira surgiu a partir deste evento, tendo o carcereiro de Filipos como seu novo pastor.

E. Devemos viver na presença de Deus, para que tenhamos uma compreensão da presença permanente do Seu Espírito Santo, a despeito de nossas circunstâncias.

- Paulo e Silas não viram o seu espancamento e noite na prisão como uma perda pessoal. Em vez disso, eles compreenderam a vitória dada pelo Espírito de Deus, apesar das circunstâncias negativas.
- Paulo e Silas sabiam que estavam sendo direcionados pelo Deus Espírito; eles sabiam que Ele cuidaria pessoalmente deles.
- O terremoto que atingiu a prisão de Filipos nos lembra que Deus ainda se envolve em situações como estas (Atos 16: 25-26). Ele não se esquece de nós quando nossos esforços ministeriais são árduos.
- Quando obedecemos ao Senhor e cumprimos a Sua vontade, no tempo de Deus, o Senhor intervirá com poder e majestade. Embora o mal se oponha ao avanço do Reino de Deus, Deus tem a palavra final.
- Não estamos construindo ou avançando o Reino de Deus por nós mesmos; Deus está construindo o Seu reino.

F. Estratégias de desenvolvimento da Igreja mudaram ao longo da história da igreja.

- A Igreja Cristã não construiu edifícios durante os primeiros 400 anos de história da igreja.
- Os conceitos de edifícios dedicados à igreja, propriedades e pastores de tempo integral para as igrejas vieram mais tarde.
- Na Igreja do Nazareno, a nossa definição de igreja diz: Qualquer grupo que se reúne regularmente para nutrição espiritual, adoração ou instrução em um momento e local anunciados, com um líder identificado e alinhado com a mensagem e missão da Igreja do Nazareno pode ser reconhecido como uma igreja e constar como tal nas estatísticas do distrito e da igreja geral (Junta de Superintendentes Gerais). Em outras palavras, a igreja é um grupo de crentes, não um edifício ou propriedade.

- O Espírito Santo está agora conduzindo a igreja a se reproduzir em novas formas.
- Cada igreja é incentivada a implantar uma igreja filha.
- Estas igrejas filhas reúnem-se em casas ou outros locais disponíveis.
- Cada pastor mentoreia um pastor vocacionado que está em formação ministerial.
- Este modelo não requer nenhum financiamento para iniciar a igreja filha; leigos podem responder ao chamado de Deus para ajudar a começar uma nova igreja.
- Este modelo permite que Deus faça a Sua igreja crescer em novos lugares ao redor do mundo; Ele apenas precisa de corações receptivos para capturar a visão, responder à chamada e permitir que Deus os lidere.

G. O objetivo do desenvolvimento da igreja é alcançar novas pessoas para Jesus Cristo.

- Jesus disse: "É necessário que eu pregue as boas novas do Reino de Deus noutras cidades também, porque para isso fui enviado" (Lucas 4:43).
- Somos embaixadores do Reino de Deus que dedicam suas vidas ao desenvolvimento da igreja.
- Nossos esforços não são destinados a apoiar uma organização.
- Queremos que o máximo de pessoas possível chegue ao conhecimento salvífico de Jesus Cristo.
- Queremos, então disciplinar esses novos crentes à imagem de Cristo.
- Jesus disse: "Abram os olhos e vejam os campos! Eles estão maduros para a colheita" (João 4:35).

6. Liderança Transformadora

Um líder transformador é um líder à imagem de Cristo.

A. Buscamos desenvolver líderes através do modelo de Cristo. Jesus é o nosso exemplo. Portanto, um líder transformador é um líder à imagem de Cristo.

B. Líderes transformadores são submissos e humildes.

- Seguem Jesus Cristo, que se submeteu à vontade do Pai (Filipenses 2: 5-8).
- Dependem totalmente de Deus para responder as suas orações e suprir todas as suas necessidades (João 15: 7).
- Submetem-se à autoridade de outros e pensam menos acerca de si mesmos (Efésios 5:21).

C. Líderes transformadores são servos.

- Seguem o exemplo de Jesus Cristo, que não veio para ser servido, mas para servir os outros (Marcos 10:45; Mateus 20:28).
- Lideram a partir deste espírito e atitude de servidão (Filipenses 2).

D. Líderes transformadores são visionários.

- "Onde não há revelação divina, o povo se desvia" (Provérbios 29:18).
- "Então o Senhor respondeu: 'Escreva claramente a visão em tabuinhas, para que se leia facilmente'" (Habacuque 2:2).

- Jesus descreveu a visão do reino de Deus; temos de fazer o mesmo de maneira que todos possam entender claramente.
- Esta característica é um fator de distinção entre os seguidores e líderes. Os líderes visionários procuram a visão de Deus para a Igreja e as comunidades lançam a visão a outros.

E. Líderes transformadores pensam estrategicamente.

- Possuem a capacidade de traduzir a visão para suas comunidades e transformá-las em instrumentos para o reino de Deus.
- Entendem as circunstâncias de nosso tempo e encontram respostas bíblicas para elas, como fizeram os filhos de Issacar (1 Crônicas 12:32).
- Vislumbram almas que devem ser ganhas para o reino de Deus.
- Lançam a visão em etapas de ação que mobilizam os crentes para os campos de colheita.
- São capazes de colocar a visão e missão em planos simples, mas eficazes, para o Reino (Lucas 14: 28-30).

F. Líderes transformadores são formadores de equipes.

- Jesus é o nosso modelo; Ele formou uma equipe e a habilitou, ao invés de realizar todo o ministério por si próprio (Mateus 10).
- Os discípulos de Jesus eram pessoas comuns, mas eles viraram o mundo de cabeça para baixo (Atos 17: 6).
- Líderes transformadores formam equipes que envolvem todos da igreja na obra do reino de Deus.

G. Líderes transformadores são compassivamente assertivos.

- Quando Jesus enviou seus discípulos para o trabalho evangelístico, Ele os instruiu a serem "prudentes como as serpentes e simples como as pombas" (Mateus 10:16).
- Líderes transformadores devem saber como equilibrar graça e lei, justiça e misericórdia, tudo em santidade.
- Devem ser pessoas que tomam decisões sábias e que devidamente mantêm as suas decisões.
- No entanto, as suas decisões devem ser temperadas com compaixão.
- Devem falar a verdade em amor (Efésios 4:15).

H. Líderes transformadores comunicam claramente.

- Durante Seu ministério terreno, Jesus frequentemente disse: "Aquele que tem ouvidos, ouça" (Mateus 13:43). Jesus queria que seus seguidores ouvissem de forma consistente e persistente.
- Líderes transformadores devem tentar falar com a mesma clareza e precisão de Jesus Cristo.
- Líderes transformadores entendem a importância de uma comunicação clara, consistente e convincente: "Além disso, se a trombeta não emitir um som claro, quem se preparará para a batalha?" (1 Coríntios 14:8).

I. Líderes transformadores capacitam outras pessoas a levantar a próxima geração para liderar o reino.

- O estilo de liderança de Josué falhou em não levantar uma próxima geração de líderes; ele liderou apenas para a sua geração (Juízes 2:10).
- Líderes transformadores não constroem impérios para sua estabilidade; eles treinam ambas a presente e a próxima geração.

- Eles identificam, treinam e desenvolvem mentores que equipam, capacitam e lançam líderes para a causa do reino de Deus.
- Nenhuma liderança é bem sucedida sem uma sucessão para essa liderança. "E as coisas que me ouviu dizer na presença de muitas testemunhas, confie a homens fiéis que sejam também capazes de ensinar a outros" (2 Timóteo 2:2).

7. Compaixão com Propósito

A. Compaixão com propósito exibe o coração amoroso de Deus.

- As maiores dádivas do amor e compaixão de Deus são os fatos de Deus ter enviado Seu filho ao mundo e de Jesus ter morrido em favor da humanidade.
- João 3:16-17 nos diz que Deus, pelo transbordamento de Seu amor, nos deu o Seu Filho para que possamos ter vida eterna. Da mesma forma, 1 João 3:16-17 nos diz que o amor de Deus para com a humanidade é expresso em atos genuínos de compaixão dos crentes à criação de Deus.
- A vida, ministério, morte e ressurreição de Jesus, O ilustram movendo-se amorosamente em favor de seu próximo e em favor de todo o mundo. (Mateus 9:36)

B. Compaixão com propósito é sempre realizada em nome de Jesus.

- Jesus é o nosso modelo de compaixão. Nos Evangelhos Jesus foi movido em seu interior a "sofrer com" a humanidade.
- Jesus foi particularmente movido com compaixão em amor e cuidado para com aqueles que eram pobres, perdidos, doentes, marginalizados e vulneráveis.
- Totalmente Deus e totalmente humano, Jesus é o nosso modelo de como viver e amar.
- Realizamos cada ato de serviço, generosidade ou misericórdia em nome de Jesus, e oferecemos nossos esforços para revelar o amor de Jesus. (Mateus 10:42)

Compaixão não tem um outro motivo a não ser estender o amor de Deus em Cristo.

C. Compaixão com propósito respeita a dignidade de cada pessoa.

- O povo de Deus oferece esperança, amor e ajuda em nome de Jesus de uma maneira que honre cada pessoa como alguém que é feito à imagem de Deus, como criação de Deus.
- Compaixão não tem um outro motivo a não ser estender o amor de Deus em Cristo.

D. Compaixão com propósito flui naturalmente através de crentes transformados.

- A Igreja é chamada a representar o próprio amor e compaixão de Deus no mundo.
- O trabalho de compaixão nunca é concluído somente pelo esforço humano ou ativismo social.
- Como Corpo de Cristo, o nosso chamado compassivo toca todas as áreas da vida de uma forma holística, formada pela vida de Jesus e a orientação do Espírito Santo.
- O Espírito Santo transforma os corações dos crentes que, por sua vez, trabalham para trazer transformação física, social e espiritual ao nosso mundo.

- A compaixão é destinada a ser integral e ativa na vida e ministério de cada congregação.

E. Compaixão com propósito é a nossa definição Wesleyana da missão holística.

- Somos enviados por Deus Pai e capacitados pelo poder do Espírito Santo a ir ao mundo para amar e servir ao Senhor.
- Acreditamos que o Pai já está trabalhando, pelo poder do Espírito, na vida de cada pessoa, e nós somos chamados para participarmos desse bom trabalho.
- O verdadeiro evangelismo traz o chamado e compromisso de ingressar e nos envolvermos na vida dos que nos rodeiam.
- Em nome de Jesus, nos aproximamos do sofrimento e quebrantamento e procuramos trazer cura, esperança, paz e amor às pessoas que estão em necessidade, marginalizadas e vulneráveis.
- Somos atraídos uns aos outros para uma amizade amorosa e comunhão, o que traz consequências sociais. Esta também é a forma como Deus constrói e estende o Corpo de Cristo.

F. Compaixão com propósito flui de nossas vidas como uma expressão de nosso compromisso com a missão de Deus para resgatar um mundo destruído.

- Procuramos ver, ouvir e responder a humanidade destruída e ferida da mesma maneira que Deus tem feito.
- Buscamos investir todos os recursos que temos disponíveis para aliviar o sofrimento humano e buscar os planos de Deus de restauração, plenitude, salvação e paz no e para o mundo.
- Ainda tentamos reparar os sistemas das sociedades em ciclos, que criam as estruturas de injustiça contribuindo para a opressão de pessoas e o mal sistêmico em nosso mundo, e fazemo-lo em nome de Jesus.
- Procuramos, em tudo o que fazemos, ajudar a cumprir a missão do Senhor e trazer glória a Deus (Miqueias 6: 8).

NOSSA TEOLOGIA WESLEYANA

O Milagre da Graça Transformadora

"Maravilhosa Graça! Maior que o meu pecar!" Que pensamento maravilhoso! E essa é apenas a primeira linha do hino.

Em Jesus, Deus encarnou-se e agiu de forma decisiva para reconciliar o mundo consigo mesmo (João 3:15-16; Romanos 1:1-16). Enquanto éramos ainda pecadores, Deus ofereceu seu próprio Filho "como sacrifício para propiciação" do pecado (Romanos 3:25). O Senhor de toda a criação levou sobre si o pecado do mundo e providenciou salvação para todos nós!

Em Cristo Jesus, a justiça de Deus – a Sua salvação – foi manifestada (Romanos 3:21). Se não fosse por essa ação, toda a humanidade estaria irremediavelmente alienada de Deus (Efésios 1:5-2: 10). Desta forma, todos os poderes que nos separavam de Deus foram derrotados (Colossenses 2:15). Agora, "mediante a fé em Jesus Cristo" (Romanos 3:22), somos livres (Romanos 8:2)!

O Novo Testamento constitui um hino contínuo de louvor ao Deus que derrama suas riquezas sobre nós (Efésios 1:6-10). Em Cristo, toda a plenitude de Deus habitou corporalmente, e aqueles que recebem a Cristo terão plenitude nEle (Colossenses 2:8-15). Depois de examinar os benefícios da graça de Deus, Paulo exclamou: "Ó profundidade da riqueza da sabedoria e do conhecimento de Deus!" (Romanos 11:33). Algumas dessas riquezas podem ser identificadas: o perdão dos pecados, o Espírito habitando em nós, a formação à imagem de Cristo, a vida eterna, a paz com Deus, a santificação, a comunhão da Igreja e a esperança da volta do Senhor.

Quando Jesus falava, o que muitas pessoas ouviram eram de fato "boas notícias", ou seja, que Deus reconcilia livremente os pecadores consigo mesmo. Mesmo um odiado cobrador de impostos ou uma mulher apanhada em adultério, ao ouvir do amor de Deus, podem arrepender-se, serem perdoados e receberem a vida eterna. Deus dá-se livremente para aqueles que reconhecem a sua própria incapacidade de fazer qualquer coisa que possa merecer Seu favor (Lucas 15).

Muito antes de nos tornarmos conscientes disso, o Espírito Santo está trabalhando, tentando nos atrair para a salvação. O salmista diz que não há lugar onde a voz de Deus não é ouvida (Salmo 19:3). Paulo nos diz que, a cada momento, toda a criação depende de Cristo para a sua existência (Colossenses 1:15-17). João declara que Cristo ilumina a todos (João 1: 9).

Em caminhos igualados apenas à criatividade e fidelidade de Deus, o Espírito Santo trabalha nas histórias individuais e sociais abrindo caminho para o Evangelho. Ele vai antes do anúncio explícito do Evangelho e prepara as pessoas para ouvir – e esperançosamente receber – as Boas Novas.

Em retrospecto, todos os cristãos podem traçar o caminho pelo qual o Espírito os trouxe à redenção cristã. Referimo-nos a esta dimensão preparatória da graça de Deus como "graça preveniente", ou a graça que precede a ação humana.

Deus é por nós. Tudo o que Deus realizou através de Seu Filho, Ele agora oferece a nós por meio do Espírito Santo. De fato, toda a criação se beneficia da salvação que o Pai realizou em Seu Filho (Romanos 8:19-25).

Justificação é o nome que damos ao ato gracioso pelo qual Deus efetivamente perdoa e reconcilia os pecadores consigo mesmo. Justificação – ser restaurado ao favor de Deus – é pela graça por meio da fé somente.

A justificação é apenas uma dimensão da obra salvadora de Deus. O segundo benefício é que o Espírito de Deus reside efetivamente no pecador arrependido para estabelecer a vida de Deus. Ele ou ela nasce de novo – regenerado – pelo Espírito de Deus. O Novo Testamento chama esta nova percepção da vida espiritual de uma nova criação, um novo nascimento, o nascimento de cima, a vida eterna, a entrada no Reino de Deus, andando em novidade de vida e vida no Espírito.

Seja qual for a linguagem, através do milagre da graça divina, o Espírito Santo passa a residir no cristão e efetua uma transformação. Onde antes havia morte, agora há vida; paz com Deus onde antes havia guerra; esperança onde antes havia desespero. O Novo Testamento anuncia: "Portanto, se alguém está em Cristo, é nova criação. As coisas antigas já passaram; eis que surgiram coisas novas! Tudo isso provém de Deus" (2 Coríntios 5:17-18a).

O Novo Testamento fala dos cristãos como estando "em Cristo" e de Cristo como estando neles. Por um lado, os cristãos estão agora reconciliados com Deus porque pela fé eles estão "em Cristo" (Romanos 8:1), naquele que reconcilia com o Pai os pecadores arrependidos.

Entretanto o Novo Testamento também fala de Cristo em nós como "a esperança da glória" (Colossenses 1:27). Através do Espírito Santo, o Cristo ressuscitado concede a Sua vida – Ele próprio – ao Seu povo. Ele habita e cultiva neles o fruto do Espírito (Gálatas 5:22-23).

"Mas", muitos perguntam, "realisticamente, que tipo de vida espiritual posso esperar como um cristão? Será que a força de velhos hábitos pecaminosos continuará a estabelecer o padrão para a minha vida? Ou será que o Espírito de Deus dentro de mim agora oferecerá uma vida melhor?" O Novo Testamento responde: "Aquele que está em vocês é maior do que aquele que está no mundo" (1 João 4:4).

O mesmo poder que ressuscitou Jesus Cristo dos mortos – fazendo-o vitorioso sobre a morte, o inferno, o pecado e a sepultura – agora opera em nós pelo Espírito Santo (Efésios 1:19)! Antes a antiga lei do pecado e da morte governava. Mas agora "por meio de Cristo Jesus a lei do Espírito de vida me libertou da lei do pecado e da morte" (Romanos 8:2).

A gloriosa norma para todos os cristãos é que eles sejam cheios do Espírito Santo, que não vivam segundo a carne, mas segundo o Espírito (Romanos 8:1-8). Você já experimentou pessoalmente o milagre da graça transformadora de Deus?

IGREJA DO NAZARENO
NOSSOS ARTIGOS DE FÉ

I. Deus Trino

Cremos num só Deus infinito, eternamente existente, Soberano Criador e Sustentador do universo; que somente Ele é Deus, santo em Sua natureza, atributos e propósitos. O Deus que é amor santo e luz é Trino no Seu Ser, revelado como Pai, Filho e Espírito Santo.

(Gênesis 1; Levítico 19:2; Deuteronômio 6:4-5; Isaías 5:16; 6:1-7; 40:18- 31; Mateus 3:16-17; 28:19-20; João 14:6-27; 1 Coríntios 8:6; 2 Coríntios 13:14; Gálatas 4:4-6; Efésios 2:13-18; 1 João 1:5; 4:8)

II. Jesus Cristo

Cremos em Jesus Cristo, a Segunda Pessoa da Santíssima Trindade; que Ele é eternamente um com o Pai; que encarnou pelo Espírito Santo e nasceu da Virgem Maria e, assim, duas naturezas perfeitas e completas, isto é, a Divindade e a humanidade, se uniram em uma Pessoa, verdadeiro Deus e verdadeiro homem, o Deus-homem.

Cremos que Jesus Cristo morreu pelos nossos pecados e que Ele verdadeiramente ressuscitou dos mortos e tomou de novo o Seu corpo juntamente com tudo o que pertence à perfeição da natureza humana, e com isto subiu ao céu, onde Se ocupa em interceder por nós.

(Mateus 1:20-25; 16:15-16; Lucas 1:26-35; João 1:1-18; Atos 2:22-36; Romanos 8:3, 32-34; Gálatas 4:4-5; Filipenses 2:5-11; Colossenses 1:12-22; 1 Timóteo 6:14-16; Hebreus 1:1-5; 7:22-28; 9:24-28; 1 João 1:1-3; 4:2-3,15)

III. O Espírito Santo

Cremos no Espírito Santo, a Terceira Pessoa da Santíssima Trindade; que Ele está sempre presente e operando eficientemente dentro da Igreja de Cristo e com ela, convencendo o

---

As referências bíblicas apoiam os Artigos de Fé e são aqui inseridas por acção da Assembleia Geral de 1976, mas não devem ser conside-radas como parte do texto da Constituição.

mundo do pecado, regenerando aqueles que se arrependem e creem, santificando os crentes e guiando em toda a verdade tal como está em Jesus.

(João 7:39; 14:15-18, 26; 16:7-15; Atos 2:33; 15:8-9; Romanos 8:1-27; Gálatas 3:1-14; 4:6; Efésios 3:14-21; 1 Tessalonicenses 4:7-8; 2 Tessalonicenses 2:13; 1 Pedro 1:2; 1 João 3:24; 4:13)

IV. As Escrituras Sagradas

Cremos na inspiração plena das Escrituras Sagradas, pelas quais entendemos os 66 livros do Antigo e Novo Testamentos, dados por inspiração divina, revelando sem erros a vontade de Deus a nosso respeito em tudo o que é necessário à nossa salvação, de maneira que o que não se encontra nelas não pode ser imposto como artigo de fé.

(Lucas 24:44-47; João 10:35; 1 Coríntios 15:3-4; 2 Timóteo 3:15-17; 1 Pedro 1:10-12; 2 Pedro 1:20-21)

V. Pecado, Original e Pessoal

Cremos que o pecado veio ao mundo através da desobediência dos nossos primeiros pais (Adão e Eva) e, pelo pecado, veio a morte. Cremos que o pecado se manifesta de dois modos: pecado original ou depravação, e pecado pessoal.

Cremos que o pecado original, ou depravação, é aquela corrupção da natureza de todos os descendentes de Adão pela qual o homem está muito longe da retidão original, ou seja do estado de pureza dos nossos primeiros pais (Adão e Eva) quando foram criados, é contrário a Deus, não tem vida espiritual e é inclinado para o mal, e isto continuamente. Cremos, ainda, que o pecado original continua a existir com a nova vida do regenerado, até que o coração seja inteiramente limpo pelo batismo com o Espírito Santo.

Cremos que o pecado original difere do pecado pessoal, em que constitui uma propensão herdada para pecar, pela qual ninguém é responsável até o momento em que se negligencia ou se rejeita o remédio divinamente providenciado.

Cremos que o pecado pessoal constitui uma violação voluntária da vontade conhecida de Deus, feita por uma pessoa moralmente responsável. Portanto, não deve ser confundido com limitações involuntárias e inescapáveis, enfermidades, faltas, erros, falhas ou outros desvios de um padrão de perfeita conduta, que são os efeitos residuais da Queda do Homem. Contudo, tais efeitos inocentes não incluem atitudes ou respostas contrárias ao espírito de Cristo que podem em si mesmas ser consideradas pecados do espírito. Cremos que o pecado pessoal é, fundamental e essencialmente, uma violação da lei do amor; e, que em relação a Cristo, pecado pode ser definido como descrença.

(Pecado Original: Gênesis 3; 6:5; Jó 15:14; Salmos 51:5; Jeremias 17:9-10; Marcos 7:21-23; Romanos 1:18-25; 5:12-14; 7:1-8:9; 1 Coríntios 3:1-4; Gálatas 5:16-25; 1 João 1:7-8

Pecado Pessoal: Mateus 22:36-40, com 1 João 3:4; João 8:34-36; 16:8-9; Romanos 3:23; 6:15-23; 8:18-24; 14:23; 1 João 1:9-2:4; 3:7-10)

VI. Expiação

Cremos que Jesus Cristo, pelos Seus sofrimentos, pelo derramamento do Seu próprio sangue e pela Sua morte na Cruz, fez uma expiação completa para todo o pecado humano; e que esta expiação é a única base de salvação; e que é suficiente para cada pessoa da raça de Adão. A Expiação é gratuitamente eficaz para a salvação daqueles que não são capazes de assumir responsabilidade moral e para as crianças na idade da inocência, mas somente é eficaz para a salvação daqueles que chegam à idade da responsabilidade, quando se arrependem e creem.

(Isaías 53:5-6, 11; Marcos 10:45; Lucas 24:46-48; João 1:29; 3:14-17; Atos 4:10-12; Romanos 3:21-26; 4:17-25; 5:6-21; 1 Coríntios 6:20; 2 Coríntios 5:14-21; Gálatas 1:3-4; 3:13-14; Colossenses 1:19-23; 1 Timóteo 2:3-6; Tito 2:11-14; Hebreus 2:9; 9:11-14; 13:12; 1 Pedro 1:18-21; 2:19-25; 1 João 2:1-2)

VII. Graça Preveniente

Cremos que a criação da raça humana à imagem de Deus inclui a capacidade de escolher entre o bem e o mal e que, assim, seres humanos foram feitos moralmente responsáveis; que pela queda de Adão se tornaram depravados, de maneira que agora não podem voltar-se nem reabilitar-se pelas suas próprias forças e obras à fé e à invocação de Deus. Mas também cremos que a graça de Deus mediante Jesus Cristo é dada gratuitamente a todos os seres humanos, capacitando todos os que queiram converter-se do pecado para a retidão, a crer em Jesus Cristo para perdão e purificação do pecado, e a praticar boas obras agradáveis e aceitáveis à Sua vista.
Cremos que todas as pessoas, ainda que possuam a experiência de regeneração e inteira santificação, podem cair da graça, apostatar e ficar eternamente perdidas e sem esperança, a menos que se arrependam do seu pecado.

(A imagem de Deus e a responsabilidade moral: Gênesis 1:26-27; 2:16-17; Deuteronômio 28:1-2; 30:19; Josué 24:15; Salmos 8:3-5; Isaías 1:8-10; Jeremias 31:29-30; Ezequiel 18:1-4; Miqueias 6:8; Romanos 1:19-20; 2:1-16; 14:7-12; Gálatas 6:7-8

Incapacidade natural: Jó 14:4; 15:14; Salmos 14:1-4; 51:5; João 3:6a; Romanos 3:10-12; 5:12-14, 20a; 7:14-25

Graça gratuita e obras de fé: Ezequiel 18:25-26; João 1:12-13; 3:6b; Atos 5:31; Romanos 5:6-8, 18; 6:15-16, 23; 10:6-8; 11:22; 1 Coríntios 2:9-14; 10:1-12; 2 Coríntios 5:18-19; Gálatas 5:6; Efésios 2:8-10; Filipenses 2:12-13; Colossenses 1:21-23; 2 Timóteo 4:10a; Tito 2:11-14; Hebreus 2:1-3; 3:12-15; 6:4-6; 10:26-31; Tiago 2:18-22; 2 Pedro 1:10-11; 2:20-22)

VIII. Arrependimento

Cremos que o arrependimento, que é uma sincera e completa mudança da mente no que diz respeito ao pecado, incluindo um sentimento de culpa pessoal e um afastamento voluntário do pecado, é exigido de todos aqueles que, por ato ou propósito, se fazem pecadores contra Deus.

O Espírito de Deus dá a todos que quiserem arrepender-se a ajuda gratuita da penitência do coração e a esperança da misericórdia, a fim de que possam crer para o perdão e a vida espiritual.

(2 Crônicas 7:14; Salmos 32:5-6; 51:1-17; Isaías 55:6-7; Jeremias 3:12-14; Ezequiel 18:30-32; 33:14-16; Marcos 1:14-15; Lucas 3:1-14; 13:1-5; 18:9-14; Atos 2:38; 3:19; 5:31; 17:30-31; 26:16-18; Romanos 2:4; 2 Coríntios 7:8-11; 1 Tessalonicenses 1:9; 2 Pedro 3:9)

IX. Justificação, Regeneração e Adoção

Cremos que a justificação é aquele ato gratuito e judicial de Deus, pelo qual Ele concede pleno perdão de toda a culpa, a libertação completa da pena pelos pecados cometidos e a aceitação como justo a todos aqueles que creem em Jesus Cristo e O recebem como Senhor e Salvador.
Cremos que a regeneração, ou o novo nascimento, é aquela obra da graça de Deus pela qual a natureza moral do crente arrependido é despertada espiritualmente, recebendo uma vida distintamente espiritual, capaz de fé, amor e obediência.
Cremos que a adoção é aquele ato gratuito de Deus pelo qual o(a) crente justificado e regenerado se constitui um(a) filho(a) de Deus.
Cremos que a justificação, a regeneração e a adoção são simultâneas na experiência daqueles que buscam a Deus e são obtidas na condição de haver fé, precedida pelo arrependimento; e que o Espírito Santo testifica desta obra e estado de graça.

(Lucas 18:14; João 1:12-13; 3:3-8; 5:24; Atos 13:39; Romanos 1:17; 3:21-26, 28; 4:5-9, 17-25; 5:1, 16-19; 6:4; 7:6; 8:1, 15-17; 1 Coríntios 1:30; 6:11; 2 Coríntios 5:17-21; Gálatas 2:16-21; 3:1-14, 26; 4:4-7; Efésios 1:6-7; 2:1, 4-5; Filipenses 3:3-9; Colossenses 2:13; Tito 3:4-7; 1 Pedro 1:23; 1 João 1:9; 3:1-2, 9; 4:7; 5:1, 9-13, 18)

X. Santidade Cristã e Inteira Santificação

Cremos que a santificação é a obra de Deus, que transforma os crentes na semelhança de Cristo. Ela é efetuada pela graça de Deus através do Espírito Santo na santificação inicial, ou regeneração (simultânea com a justificação), inteira santificação, na obra contínua de aperfeiçoamento feita pelo Espírito Santo e culminando na glorificação. Na glorificação somos plenamente conformados à imagem do Filho.
Cremos que a inteira santificação é aquele ato de Deus, subsequente à regeneração, pelo qual os crentes são libertados do pecado original, ou depravação, e levados a um estado de inteira devoção a Deus e à santa obediência do amor tornado perfeito.
É operada pelo batismo com, ou enchimento do, Espírito Santo e envolve, numa só experiência, a purificação do coração de pecado e a presença íntima e permanente do Espírito Santo, capacitando o(a) crente para a vida e o serviço.
A inteira santificação é provida pelo sangue de Jesus, realizada instantaneamente pela graça mediante a fé, precedida pela inteira consagração; e desta obra e estado de graça o Espírito Santo testifica.
Esta experiência é também conhecida por vários termos que representam diferentes aspectos

dela, tais como: "perfeição cristã," "perfeito amor," "pureza de coração," "batismo com, ou enchimento do Espírito Santo," "plenitude da bênção," e "santidade cristã."

Cremos que há uma distinção bem definida entre um coração puro e um caráter maduro. O primeiro é obtido instantaneamente, como resultado da inteira santificação; o último resulta de crescimento na graça.

Cremos que a graça da inteira santificação inclui o impulso divino para crescer na graça como um discípulo à semelhança de Cristo. Contudo, este impulso deve ser conscientemente cultivado; e deve ser dada cuidadosa atenção aos requisitos e processos de desenvolvimento espiritual e avanço no caráter e personalidade semelhantes a Cristo. Sem tal esforço intencional, o testemunho da pessoa crente pode ser enfraquecido e a própria graça comprometida e mesmo perdida.

Participando nos meios da graça, nomeadamente a comunhão, as disciplinas e os sacramentos da Igreja, os crentes crescem na graça e no pleno amor a Deus e ao próximo.

(Jeremias 31:31-34; Ezequiel 36:25-27; Malaquias 3:2-3; Mateus 3:11-12; Lucas 3:16-17; João 7:37-39; 14:15-23; 17:6-20; Atos 1:5; 2:1-4; 15:8-9; Romanos 6:11-13, 19; 8:1-4, 8-14; 12:1-2; 2 Coríntios 6:14-7:1; Gálatas 2:20; 5:16-25; Efésios 3:14-21; 5:17-18, 25-27; Filipenses 3:10-15; Colossenses 3:1-17; 1 Tessalonicenses 5:23-24; Hebreus 4:9-11; 10:10-17; 12:1-2; 13:12; 1 João 1:7, 9)

("Perfeição cristã," "perfeito amor": Deuteronômio 30:6; Mateus 5:43-48; 22:37-40; Romanos 12:9-21; 13:8-10; 1 Coríntios 13; Filipenses 3:10-15; Hebreus 6:1; 1 João 4:17-18

"Pureza de coração": Mateus 5:8; Atos 15:8-9; 1 Pedro 1:22; 1 João 3:3

"Batismo com o Espírito Santo": Jeremias 31:31-34; Ezequiel 36:25-27; Malaquias 3:2-3; Mateus 3:11-12; Lucas 3:16-17; Atos 1:5; 2:1-4; 15:8-9

"Plenitude da bênção": Romanos 15:29

"Santidade cristã": Mateus 5:1-7:29; João 15:1-11; Romanos 12:1-15:3; 2 Coríntios 7:1; Efésios 4:17-5:20; Filipenses 1:9-11; 3:12-15; Colossenses 2:20-3:17; 1 Tessalonicenses 3:13; 4:7-8; 5:23; 2 Timóteo 2:19-22; Hebreus 10:19-25; 12:14; 13:20-21; 1 Pedro 1:15-16; 2 Pedro 1:1-11; 3:18; Judas 20-21)

XI. A Igreja

Cremos na Igreja, a comunidade que confessa a Jesus Cristo como Senhor, o povo da aliança de Deus feito novo em Cristo, o Corpo de Cristo congregado pelo Espírito Santo através da Palavra.

Deus chama a Igreja a expressar a sua vida na unidade e comunhão do Espírito; na adoração através da pregação da Palavra, na observação dos sacramentos e no ministério em Seu nome; pela obediência a Cristo, viver santo e responsabilização mútua.

A missão da Igreja no mundo é a de participar no ministério de redenção e reconciliação de Cristo no poder do Espírito. A igreja cumpre a sua missão fazendo discípulos através do evangelismo, ensino, compaixão, promoção da justiça, e testemunho do reino de Deus.

A Igreja é uma realidade histórica que se organiza em moldes culturalmente condicionados; existe tanto como um corpo universal quanto congregação local; separa pessoas chamadas por Deus para ministérios específicos. Deus chama a Igreja a viver sob o Seu governo, em antecipação da consumação na vinda do nosso Senhor Jesus Cristo.

(Êxodo 19:3; Jeremias 31:33; Mateus 8:11; 10:7; 16:13-19, 24; 18:15-20; 28:19-20; João 17:14-26; 20:21-23; Atos 1:7-8; 2:32-47; 6:1-2; 13:1; 14:23; Romanos 2:28-29; 4:16; 10:9-15; 11:13-32; 12:1-8; 15:1-3; 1 Coríntios 3:5-9; 7:17; 11:1, 17-33; 12:3, 12-31; 14:26-40; 2 Coríntios 5:11-6:1; Gálatas 5:6, 13-14; 6:1-5, 15; Efésios 4:1-17; 5:25-27; Filipenses 2:1-16; 1 Tessalonicenses 4:1-12; 1 Timóteo 4:13; Hebreus 10:19-25; 1 Pedro 1:1-2, 13; 2:4-12, 21; 4:1-2, 10-11; 1 João 4:17; Judas 24; Apocalipse 5:9-10)

XII. Batismo

Cremos que o batismo cristão, ordenado pelo nosso Senhor, é um sacramento que significa a aceitação dos benefícios da expiação de Jesus Cristo, para ser administrado aos crentes e constitui uma declaração da sua fé Nele como seu Salvador e do seu pleno propósito de andar obedientemente em santidade e retidão.

Sendo o batismo símbolo da nova aliança, as crianças poderão ser batizadas quando os pais ou tutores o pedirem, os quais ficarão na obrigação de lhes assegurar o necessário ensino cristão. O batismo pode ser administrado por aspersão, afusão ou imersão, segundo o desejo do candidato.

(Mateus 3:1-7; 28:16-20; Atos 2:37-41; 8:35-39; 10:44-48; 16:29-34; 19:1- 6; Romanos 6:3-4; Gálatas 3:26-28; Colossenses 2:12; 1 Pedro 3:18-22)

XIII. A Ceia do Senhor

Cremos que a Ceia Memorial e de Comunhão, instituída por nosso Senhor e Salvador Jesus Cristo, é essencialmente um sacramento do Novo Testamento que declara a Sua morte sacrificial, e de que os crentes, pelos merecimentos desta, têm vida, salvação e promessa de todas as bênçãos espirituais em Cristo. É especialmente para aqueles que estão preparados para uma reverente consideração do seu significado e por meio dela anunciam publicamente a morte do Senhor, até que Ele volte. Sendo esta a festa da Comunhão, somente aqueles que têm fé em Cristo e amor pelos irmãos devem ser convidados a participar dela.

(Êxodo 12:1-14; Mateus 26:26-29; Marcos 14:22-25; Lucas 22:17-20; João 6:28-58; 1 Coríntios 10:14-21; 11:23-32)

XIV. Cura Divina

Cremos na doutrina bíblica da cura divina e exortamos o nosso povo a oferecer a oração da fé para a cura dos doentes. Cremos, também, que Deus cura através dos meios da ciência médica.

(2 Reis 5:1-19; Salmos 103:1-5; Mateus 4:23-24; 9:18-35; João 4:46-54; Atos 5:12-16; 9:32-42; 14:8-15; 1 Coríntios 12:4-11; 2 Coríntios 12:7-10; Tiago 5:13-16)

XV. Segunda Vinda de Cristo

Cremos que o Senhor Jesus Cristo voltará outra vez; que nós, os que estivermos vivos na Sua vinda, não precederemos aqueles que morreram em Cristo Jesus; mas que, se permanecermos n'Ele, seremos arrebatados com os santos ressuscitados para encontrarmos o Senhor nos ares, de sorte que estaremos para sempre com o Senhor.

(Mateus 25:31-46; João 14:1-3; Atos 1:9-11; Filipenses 3:20-21; 1 Tessalonicenses 4:13-18; Tito 2:11-14; Hebreus 9:26-28; 2 Pedro 3:3-15; Apocalipse 1:7-8; 22:7-20)

XVI. Ressurreição, Juízo e Destino

Cremos na ressurreição dos mortos, que tanto os corpos dos justos como dos injustos serão ressuscitados e unidos com os seus espíritos – "os que tiverem feito o bem, sairão para a ressurreição da vida; e os que tiverem feito o mal, para a ressurreição da condenação."
Cremos no juízo vindouro, no qual cada pessoa terá de comparecer diante de Deus, para ser julgada segundo as suas obras nesta vida.
Cremos que uma vida gloriosa e eterna é assegurada a todos aqueles que creem em Jesus Cristo, nosso Senhor, para salvação, e O seguem obedientemente; e que os que são impenitentes até o fim sofrerão eternamente no inferno.

(Gênesis 18:25; 1 Samuel 2:10; Salmos 50:6; Isaías 26:19; Daniel 12:2-3; Mateus 25:31-46; Marcos 9:43-48; Lucas 16:19-31; 20:27-38; João 3:16-18; 5:25-29; 11:21-27; Atos 17:30-31; Romanos 2:1-16; 14:7-12; 1 Coríntios 15:12-58; 2 Coríntios 5:10; 2 Tessalonicenses 1:5-10; Apocalipse 20:11-15; 22:1-15)

NOSSA ECLESIOLOGIA

A Santa Igreja Cristã

Nós nos identificamos com o relato bíblico do "povo de Deus", confessando-nos ser parte da "igreja una, santa, universal e apostólica". O batismo na Igreja de Cristo é um testemunho pessoal e corporativo da graça preveniente e salvadora de Deus. Os nossos ministros são ordenados "na Igreja de Deus"[1], e nossas congregações são expressões concretas da Igreja Universal. Afirmamos o relato bíblico da santidade de Deus e da Igreja de Deus, eleita como um instrumento da graça divina e chamada à existência pelo Espírito Santo – sua força de vida – que a torna corpo vivo de Cristo no mundo. A Igreja cristã testemunha da verdade de que a adoração a Deus é o foco único e verdadeiro da vida humana.

Portanto, ela chama os pecadores ao arrependimento e a uma mudança de vida, nutrindo um viver santo nos crentes através de uma vida congregacional rica, e chama os fiéis a uma vida santificada. Em sua santidade e fidelidade, a igreja apresenta o Reino de Deus ao mundo, de modo que a Igreja é, em um sentido verdadeiro, a medida de sua própria mensagem.

Alinhados com a Missão de Deus

A missão de Deus no mundo é primária, e derivamos nossa missão de Deus, que formou um universo de vastas proporções e, dentro da natureza e da história, criou um povo para levar a imagem divina de modo que o amor divino pudesse florescer. Quando o pecado danificou a criação, a natureza redentora da missão foi revelada, ou seja, "a restauração de toda a criação aos propósitos criativos de Deus"[2]. A restauração da humanidade é fundamental.

João Wesley definiu isso como santificação, ou "a renovação da nossa alma à imagem de Deus", caracterizada como "justiça e verdadeira santidade"[3]. A missão de Deus foi refletida no chamado de Abraão, escolhido para abençoar e para que a sua semente pudesse ser uma bênção para todas as nações (Gênesis 12:1–2), e manifestada na história dos Hebreus, que deram testemunho do Único Deus, cujo nome eles proclamaram às nações da terra.

Os Cristãos experimentam Deus como a Santíssima Trindade, na qual Deus é revelado de forma mais completa em Jesus Cristo, nosso Senhor. O Espírito Santo convida e capacita nossa participação na missão de Deus. A Igreja entra nessa aliança e continua a abençoar e curar as nações como parte de sua vida santificada. Nós nos juntamos a outros Cristãos na missão de Deus, mas abraçamos a visão que classifica a nossa vida denominacional como uma igreja internacional na qual os limites nacionais não definem os eclesiásticos, uma vez que Cristo abre a Igreja a todas as nações e raças.

Ministrando com Cristo no Mundo

A base do ministério Cristão é o mandamento bíblico de testemunhar o amor de Deus em Cristo. Os crentes afirmam seu ministério no batismo, o qual anuncia sua intenção de dar um testemunho público como discípulos de Cristo. O discipulado fiel é um sinal externo da graça interior de Deus em nós; do mesmo modo, é o sinal da graça divina em ação no mundo que "Deus tanto amou". Todos os membros do Corpo de Cristo são equipados para o serviço, e aqueles que são chamados para uma liderança especializada na igreja são ordenados como ministros apostólicos. Sua chamada está fundamentada numa profunda convicção pessoal.

Os ministros e leigos da igreja local e distrital discernem e afirmam a presença dos dons e graças necessárias e, em assembleia distrital, elegem aqueles que devem ser ordenados como ministros. Os diáconos são ordenados para o serviço vocacional em um ministério em que a Palavra e a Mesa não

---

[1] Estas palavras estão inscritas em cada credencial de ordenação.

[2] Roger L. Hahn, *The Mission of God in Jesus' Teaching on the Kingdom of God* [A missão de Deus nos ensinamentos de Jesus acerca do Reino de Deus] em "Missio Dei: A Wesleyan Understanding", eds. Keith Schwanz e Joseph Coleson, 2011, p. 58.

[3] João Wesley, *Sermões*, Volume II (1902), p. 373; John Wesley, Explicação Clara da Perfeição Cristã, em J. A. Wood, "Christian Perfection as Taught by John Wesley" (1885), p. 211.

são responsabilidades primárias. Os presbíteros são ordenados para moldar o Corpo de Cristo através da pregação do Evangelho, da administração dos sacramentos, da nutrição do povo em adoração e organização da vida congregacional.

Os superintendentes são eleitos para os escritórios distritais ou gerais por assembleias de leigos e ministros. Os superintendentes distritais direcionam liderança pastoral e espiritual para as igrejas, membros e ministros de uma área definida. Os superintendentes gerais exercem um ministério apostólico e pastoral em toda a denominação, mantendo a unidade da igreja em doutrina e santidade, modelando a vida de Cristo através de um colegiado, e lançando uma visão que toda a igreja possa abraçar.

Seu ponto de vista deve ser de âmbito internacional. É sua responsabilidade articular a visão e necessidade de recursos para diferentes partes do corpo da igreja, participar da alocação de recursos para as áreas carentes do nosso ministério mundial e unificar a igreja em sua missão e mensagem. Através da ordenação de ministros nas várias assembleias distritais, e por outros meios, os superintendentes gerais devem manter a unidade de uma denominação de uma imensa diversidade nacional, econômica, racial e linguística.

NOSSO GOVERNO

Os Nazarenos sempre reconheceram sua igreja como uma expressão da Igreja Universal. Além disso, acreditamos que as Escrituras não revelam nenhum projeto específico de governo para a igreja, e que a nossa política de governo pode ser moldada de comum acordo, desde que nada do que for acordado viole as Escrituras. Nesta equação, acreditamos que a missão deve moldar a estrutura (Manual 2013-2017, Declaração Histórica, p. 11-13).

A Igreja do Nazareno abraça uma versão democrática do governo Metodista Episcopal que expandiu a voz do clero e dos leigos e impôs limites ao cargo episcopal. Aqui estão alguns dos elementos básicos do governo Nazareno:

- Temos três níveis de governo:
    1. Congregações elegem delegados para representá-los na assembleia distrital anual.
    2. As assembleias distritais elegem delegados para a assembleia geral, que acontece a cada quatro anos.
    3. As decisões da Assembleia Geral comprometem toda a igreja e todas as suas partes.

- A Assembleia Geral elege superintendentes gerais que orientam os ministérios gerais da denominação e exercem jurisdição sobre toda a Igreja. Eles servem no período entre uma assembleia geral até a próxima e devem ser reeleitos em cada assembleia. É atribuído a cada superintendente geral uma lista de distritos pelos quais lhe é de responsabilidade a condução das assembleias distritais anuais e a ordenação de novos ministros dentro da área dos distritos de sua responsabilidade. O número de superintendentes gerais tem variado ao longo do tempo, mas manteve-se em seis desde 1960. Coletivamente, eles formam a Junta de Superintendentes Gerais, que reúne-se como junta várias vezes ao ano.

- A Assembleia Geral elege a Junta Geral, composta por um número igual de leigos e ministros. Ela reúne-se anualmente e elege os oficiais gerais e os diretores de departamentos da igreja. Ela também analisa as políticas, orçamentos e operações dos ministérios gerais da igreja.

- As igrejas em uma área são agrupadas em distritos e lideradas por um superintendente distrital. A igreja distrital é organizada com propósito missionário e reúne-se anualmente como Assembleia Distrital. A Assembleia Distrital elege o superintendente distrital, cuja responsabilidade é a de cuidar das igrejas e pastores, implantar novas igrejas e nutrir a saúde do distrito.

- As igrejas chamam os seus próprios pastores em consulta e com a aprovação do superintendente distrital, e gerenciam seus próprios assuntos financeiros e operacionais.

- Os distritos nazarenos são agrupados em regiões mundiais (ou seja, Região da África, Região da Ásia-Pacífico e assim por diante). As regiões mundiais são estruturas missionárias ao invés de estruturas de governança.

- Uma cláusula de boa-fé faz com que prédios de igrejas e casas pastorais sejam de propried distrito.
- Mulheres e homens podem servir em todos os cargos ministeriais ou de leigos da igreja.
- Chamamos nosso livro de ordem de Manual da Igreja do Nazareno. Alterações ao Manual pela assembleia geral.

A Igreja Local

A Igreja do Nazareno deseja que todos experimentem a graça transformadora de Deus através dos pecados e a purificação do coração em Jesus Cristo através do poder do Espírito Santo.

A nossa primeira e principal missão é "fazer discípulos à semelhança de Cristo nas nações", in crentes na comunhão e membresia (congregações), e equipar (ensinar) para o ministério todc respondam em fé.

O alvo final da comunidade de fé é apresentar todos perfeitos em Cristo (Colossenses 1:28) r

É na igreja local que a salvação, o aperfeiçoamento, o ensino e o comissionamento ocorrem. / local, o Corpo de Cristo, é a representação da nossa fé e missão.

A Igreja Distrital

As igrejas locais encontram-se agrupadas, administrativamente, em distritos e regiões.

Um distrito é uma entidade formada por igrejas locais interdependentes, para facilitar a missã igreja local através de apoio mútuo, partilha de recursos e colaboração.

O superintendente distrital supervisiona um determinado distrito em conjunto com a Junta C daquele distrito.

A Igreja Geral

As bases da unidade na Igreja do Nazareno são as crenças, princípios, definições e procedimer articulados no Manual da Igreja do Nazareno.

A essência desta unidade está declarada nos Artigos de Fé do Manual. Encorajamos a igreja e regiões e línguas a traduzir, a distribuir amplamente e a ensinar estas crenças ao nosso povo. E dourado entrelaçado em tudo o que somos e fazemos como nazarenos.

Um reflexo visível desta unidade é representado pela Assembleia Geral, que é "a autoridade m Igreja do Nazareno, no que diz respeito à formulação da doutrina, legislação e eleições". (Man

Um segundo reflexo é a Junta Geral internacional, que representa a igreja inteira.

Um terceiro reflexo é a Junta de Superintendentes Gerais, que pode interpretar o Manual, aprovar adaptações culturais e ordenar para o ministério.

O governo da Igreja do Nazareno é representativo e, assim, evita os extremos do episcopado por um lado, e do congregacionalismo ilimitado por outro.

A igreja é mais do que conectada. Ela é interconectada. Os laços que nos unem são mais fortes do que um único cordão que pode ser cortado a qualquer momento.

Qual é a fonte do nosso laço comum? É Jesus Cristo.

UMA IGREJA CONECTADA

A Igreja do Nazareno é uma "comunhão de santidade" bem conectada. Não é uma afiliação desprendida de igrejas independentes, como também a denominação não é uma mera associação de igrejas que têm uma uniformização de crenças e propósitos, porém sem nenhuma relação orgânica real.

A igreja é assumidamente conectiva.

Com isso queremos dizer que somos um corpo interdependente de igrejas locais organizadas em distritos, a fim de levar adiante a nossa missão comum de "fazer discípulos à semelhança de Cristo nas nações". O compromisso é o de prestar contas umas às outras para o bem da missão e manter a integridade das nossas crenças comuns.

Como uma igreja conectada nós:

- Compartilhamos crenças.

- Compartilhamos valores.

- Compartilhamos a missão.

- Compartilhamos responsabilidades.

As responsabilidades compartilhadas incluem uma responsabilidade financeira cooperativa no sustento da missão por meio do Fundo de Evangelismo Mundial e missões especiais.

Desde 1908, nazarenos têm feito discípulos à semelhança de Cristo nas nações através de ministérios globais. Áreas que estão sendo alcançadas para Cristo continuam a se expandir e crescer. Ao orar e dar generosamente, você se junta a muitos outros, fazendo mais do que poderia sozinho. Cada oferta dada a sua igreja local tem um propósito no sustento da missão.

A Igreja do Nazareno mantém o princípio da igualdade de sacrifício, não a igualdade de doação. Esta é uma posição bíblica essencial para uma igreja global que inclui economias de primeiro mundo e áreas em desenvolvimento.

O Fundo de Evangelismo Mundial é o plano de sustento denominacional. Às vezes, você pode ouvir o termo "financiando a missão". Este é um termo mais amplo do que Fundo de Evangelismo Mundial, usado para reconhecer as várias maneiras pelas quais a missão é financiada em diferentes partes do mundo.

O apoio à missão e aos ministérios da igreja está vivo e bem em todas as regiões da Missão Global. O sustento da missão tem um grande significado para a igreja em termos de oferta sacrificial de muitos.

Quando olhamos para o montante total doado em todo o mundo, uma média de 86,1 por cento é utilizado para o ministério em sua igreja local. Ministérios distritais utilizam cerca de 4,5 por cento dos fundos. As faculdades Nazarenas educam e discipulam estudantes com cerca de 1,8 por cento dos fundos. Isto proporciona que 7,6 por cento do dinheiro de sua igreja vá para o Fundo de Evangelismo Mundial para missionários, ministérios globais e outras missões especiais aprovadas.

Você pode ver que as suas doações oferecem treinamento, discipulado e levam as Boas Novas para crianças, jovens e adultos. Quando você dá, você se junta a outros nazarenos em uma igreja conectada; você ama pessoas destruídas, alcança almas perdidas em todo o mundo e faz discípulos à semelhança de Cristo nas nações.

O dinheiro dado para missões - incluindo o Fundo de Evangelismo Mundial e ofertas especiais - são todos parte da responsabilidade compartilhada. Ele torna possível o envio de missionários através da igreja, o treinamento de líderes nacionais e proporciona educadores para evangelizar, discipular e ensinar a próxima geração de nazarenos.

Quando olhamos para o montante total doado em todo o mundo

**A IGREJA LOCAL
86,1%**

**O FUNDO DE
EVANGELISMO
7,6%**

**MINISTÉRIOS
DISTRITAIS 4,5%**

**AS FACULDADES
NAZARENAS 1,8%**

Cristã. De Santidade. Missionária.

Estamos testemunhando o cumprimento de uma visão do nosso primeiro superintendente geral, Phineas F. Bresee. Ele falou desde o início acerca de um "panorama divino" da Igreja do Nazareno circundando o globo com "salvação e santidade ao Senhor".

Cada Nazareno, onde quer que ele ou ela esteja, participa da realidade mais ampla dessa visão.

Cada vida transformada é um testemunho do ensino Wesleyano de Santidade acerca da salvação plena para todos.

A missão da Igreja de "fazer discípulos à semelhança de Cristo nas nações", nos faz lembrar que a nós é dada uma responsabilidade espiritual, e ao mesmo tempo devemos ser bons mordomos de todos os recursos fornecidos pelo Senhor.

A missão vem de Deus, o que significa que o nosso propósito é da mais alta ordem, possibilitada pelo Espírito Santo que habita dentro de nós.

Enquanto honramos a nossa "excelente herança", a igreja não pode voltar atrás – nem pode permanecer aonde está. Como seguidores de Jesus Cristo, devemos continuar movendo-nos em direção à cidade "cujo arquiteto e edificador é Deus" (Hebreus 11:10).

Eis que Deus está fazendo novas todas as coisas!

www.ingramcontent.com/pod-product-compliance
Lightning Source LLC
Chambersburg PA
CBHW041636040426
42448CB00022B/3490